这个地方我以后还会来的

——习近平

纪念改革开放 40 周年暨乡村振兴战略起步之年研究成果

『乡村振兴的宁波样本系列丛书』

邢孟军　副主编

邓纯东　主编

乡村振兴的宁波样本系列丛书

邢孟军 编著

全国革命老区全面奔小康样板村
——横坎头村

邓纯东 主编

邢孟军 副主编

红旗出版社

图书在版编目（CIP）数据

全国革命老区全面奔小康样板村——横坎头村 /
邢孟军编著. — 北京：红旗出版社，2018.8
（乡村振兴的宁波样本系列丛书 / 邓纯东主编）
ISBN 978 - 7 - 5051 - 4601-3

Ⅰ. ①全… Ⅱ. ①邢… Ⅲ. ①农村 - 社会主义建设
成就 - 宁波 Ⅳ. ①F327.555

中国版本图书馆CIP数据核字（2018）第162005号

书　　名	全国革命老区全面奔小康样板村——横坎头村
编　　著	邢孟军
出 品 人　唐中祥	责任编辑　刘险涛　周艳玲
总 监 制　李仁国	封面设计　文人雅士
出版发行　红旗出版社	地　　址　北京市沙滩北街2号
邮政编码　100727	编 辑 部　010-57274526
E - mail　hongqil608@126.com	
发 行 部　010-57270296	
印　　刷　天津顾彩印刷有限公司	
开　　本　710毫米×1000毫米　1/16	
字　　数　158千字	印　　张　13.5
版　　次　2018年8月北京第1版　2018年8月天津第1次印刷	
ISBN 978 - 7 - 5051 - 4601-3	定　　价　68.00元

欢迎品牌畅销图书项目合作　　联系电话：010 - 57274627
凡购本书，如有缺页、倒页、脱页，本社发行部负责调换。

　　全省上下要以实际行动深入持久地学习贯彻习近平总书记回信的重要指示精神，不忘初心，牢记使命，坚持把老区乡村振兴作为实施乡村振兴战略的重中之重和攻坚战来谋划、部署、推进，确保老区人民同全省人民同步高水平迈入全面小康社会。要把基础设施这一发展短板尽快补齐补好，夯实老区乡村振兴的硬件基础。要把丰富的红色资源与老区发展紧密结合起来，弘扬红色文化、发展红色经济。要牢固树立绿色发展理念，把保护生态环境作为乡村振兴的根本立足点，进一步打开"绿水青山"向"金山银山"的转化通道。

——浙江省委书记　车　俊

浙江是习近平新时代中国特色社会主义思想的重要萌发地，浙江和宁波是全国农村综合实力最强的省份和城市之一，我们一定认真贯彻习近平总书记写给横坎头村全体党员的重要回信精神，干在实处、走在前列、勇立潮头，坚持乡村振兴与老区振兴、红色引领与绿色发展、富裕口袋与富裕脑袋、党建争强与治理争优"四个一体推进"，加快农业全面升级、农村全面进步、农民全面发展，努力当好新时代乡村振兴的排头兵和模范生，为全国实施乡村振兴战略提供更多可借鉴、可推广的新经验。

——浙江省委副书记、宁波市委书记　郑栅洁

革命老区全面奔小康与乡村振兴倡议书

2018年2月28日，习近平总书记给浙江宁波余姚梁弄镇横坎头村全体党员回信，勉励大家传承好红色基因，发挥好党组织战斗堡垒作用和党员先锋模范作用，同乡亲们一道，再接再厉、苦干实干，努力建设富裕、文明、宜居的美丽乡村，让乡亲们的生活越来越红火。总书记的回信，体现了对革命老区特别深的牵挂、特别浓的情谊，也为老区乡村振兴勾画了新蓝图、确立了新坐标。为深入学习贯彻习总书记重要回信精神，2018年5月23日至24日，井冈山、瑞金、遵义、延安、西柏坡和四明山等六个革命老区代表与来自全国各地的专家学者，相聚于余姚梁弄，共同参加革命老区全面奔小康与乡村振兴战略理论研讨会，总结提炼革命老区全面奔小康的有益经验，交流分享推动乡村振兴战略落地的实践举措，形成了重要共识。现向全国革命老区发出如下倡议：

一、要突出革命传统，用红色力量助推老区乡村振兴。我们必须深知，老区精神积淀着红色基因，这是战胜困难，推动老区全面奔小康的重要法宝。要用足用好老区红色资源，引导广大党员干部学习和实践革命先辈坚如磐石的理想信念、敢打硬仗的顽强作风、艰苦奋斗的优良传统，从红色土壤中汲取信仰的力量、担当的力量、奋进的力量，更好扛起老区振兴的使命担当。

二、要突出绿色发展，用"两山"理论指引老区乡村振兴。我们必须明白，绿水青山就是金山银山。要坚定不移举"两山"旗、走"两山"路，充分发挥老区特有资源禀赋，坚守生态底线、坚持美丽发展，大力推行绿色生产方式，积极发展高效生态产业，持续开展农村人居环境整治行动，加快把老区的生态优势转化为发展优势，推动老区绿色崛起。

三、要突出"两个必须"，用最强领导保障老区乡村振兴。我们必须坚信，基层党组织是党全部工作和战斗力的基础。要始终牢记习总书记"办好农村的事情，实现乡村振兴，基层党组织必须坚强，党员队伍必须过硬"的谆谆教诲，以提升组织力为重点，突出政治功能，真正把基层党组织建成老区振兴的"先锋队"。

四、要突出区域合作，用互学互鉴促进老区乡村振兴。我们必须看到，全国革命老区在实现全面小康的进程中，探索形成了各具特色的路径范式。我们要建立健全常态化的交流互访、联系沟通、工作磋商机制，加大合作力度、拓展合作领域，促进信息共通、资源共享、市场共拓，推动形成携手发展、协力振兴的良好局面。

幸福是奋斗出来的。让我们以习近平新时代中国特色社会主义思想为指引，与老区人民同呼吸、共命运、心连心，早日实现革命老区全面奔小康、早日实现革命老区乡村全面振兴！

井冈山革命老区代表

瑞金革命老区代表

遵义革命老区代表

延安革命老区代表

西柏坡革命老区代表

四明山革命老区代表

二〇一八年五月二十四日

目录
CONTENTS

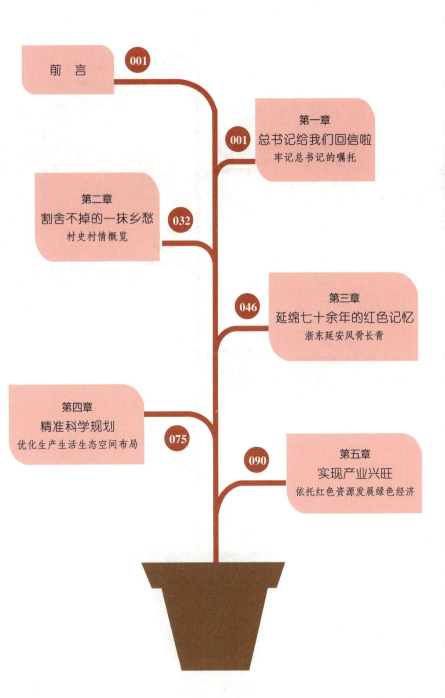

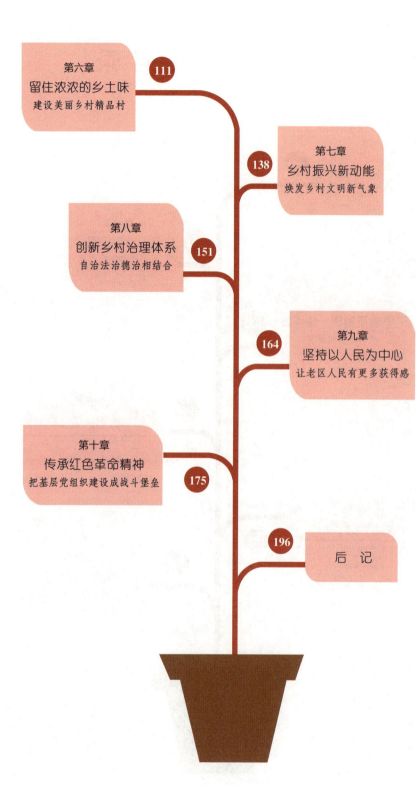

前　言

在浙江省宁波市，有这么一块红色圣地，她孕育于白水飞瀑之下，柔曼地散布在潺潺紫溪两岸。

20世纪40年代，她见证了浙东儿女的不屈意志与铮铮铁骨！21世纪的今天，她又成为习近平新时代中国特色社会主义思想指导下的全国革命老区全面奔小康样板村。

她就是习近平总书记始终关心牵挂的浙东红村——横坎头村。

2003年春节前夕，时任浙江省委书记的习近平同志，专程来到横坎头村考察调研，给老区人民送来了党的悉心关爱。

习近平同志走村入户看望村里的老干部、老党员。当时的横坎头村，交通闭塞、村容破败，人均可支配收入只有3012元，村集体负债却达45万元。在村委会座谈时，习近平同志神色凝重，语重心长地嘱咐横坎头村的干部群众："只有老区人民富裕了，才谈得上浙江人民的共同富裕；只有老区人民实现了小康，才谈得上浙江真正实现全面小康；只有老区达到了现代化目标，才谈得上浙江全省提前基本实现现代化。"

15年后的2018年，在一个春意盎然的日子，当我们坐在横坎头村一间宽敞明亮的办公室里，村党委书记张志灿满怀深情地回忆着习近平总书记当年在横坎头村的谆谆教导和殷殷嘱托。

15载砥砺奋进。15年来，遵循着习近平总书记当年的嘱托，横坎头村党委带领全村群众，走出了一条不断奋进的发展之路。

农业立村、工业稳村、旅游兴村、民主治村的总体思路，成就了革命老区新时代村级治理现代化的一个样本。

绘一片绿色，润一方乡土，红色名村、绿色美村、创业富村、诚信树村，呈现了今日横坎头村的美丽嬗变。

红岗劲松已经演变为横坎头村新的精神符号，柔曼迷人的山溪碧水沃灌着花果满山、充满诗意的绿色家园。

15载春华秋实。15年来，横坎头村干部群众始终牢记习近平总书记当年的指示，传承光大老区红色革命精神，并将其全面落实到党的基层组织建设创新和加快老区开发建设工作中，经济社会多项指标位居全国革命老

区前列。

2017年，全村实现工农业总产值3.85亿元，村级固定收入260余万元，村民人均可支配收入27568元，不仅实现了脱贫致富奔小康的目标，也为全国革命老区全面奔小康提供了横坎头样板。

习近平总书记指出，加快老区发展，使老区人民共享改革发展成果，是我们永远不能忘记的历史责任，是我们党的庄严承诺。横坎头村15年来发生的巨大变化表明了一个深刻的道理：只要我们不忘红色革命精神，坚持以人民为中心，坚持求真务实的群众工作作风和方法，就能够在党的领导下带领老区干部群众，在实现全面建成小康社会的伟大征程中产生出巨大的精神力量，并创造出人间伟业。

风劲正是扬帆时，擂响战鼓踏征程！横坎头村2400余名干部群众，高擎习近平新时代中国特色社会主义思想伟大旗帜，牢记习近平总书记对老区人民的关爱嘱托，撸起袖子加油干，甩开膀子加快干，建设富裕、文明、宜居的美丽乡村梦想一定能实现，乡亲们的生活一定越来越红火！

第一章

总书记给我们回信啦
——牢记总书记的嘱托

"**总**书记给我们回信啦！"2018年3月1日，横坎头村两千多村民奔走相告，沉浸在兴奋和激动中。

"15年前到你们村的情景我都记得，我一直惦记着乡亲们。这些年，村党组织团结带领乡亲们艰苦奋斗，发展红色旅游，利用绿色资源，壮大特色农业，把村子建设成了远近闻名的小康村、文明村，乡亲们生活不断得到改善，我感到十分欣慰。"总书记在信中说。

时任浙江省委书记习近平在横坎头村村委会考察

　　小山村连着中南海，总书记牵挂着老区人民。四明山区的山川草木，见证着习近平总书记对横坎头村15年的惦念和关心。

　　"我们是2月10日给总书记写的信，没想到总书记十多天后就回了信！"横坎头村党委书记张志灿兴奋地说。岁月如梭，光阴荏苒，15个春秋已然掠过，但张志灿仍清晰地记得15年前那一幕幕难忘的场景——

　　2003年1月29日至30日（农历壬午年十二月二十七、二十八），马上就要过新年了。时任浙江省委书记、省人大常委会主任的习近平在浙江省老区建设促进会顾问薛驹、浙江省老区建设促进会常务副会长陈法文等的陪同下，专程到四明山革命老区进行考察。

　　1月29日上午，习书记来到"浙东红村"——横坎头村，考察横坎头村发展情况，看望慰问老党员和困难群众。

习书记在横坎头村组织召开了老区开发建设座谈会，认真听取横坎头村、梁弄镇、余姚市情况汇报，对老区开发建设所取得的成果表示肯定。

时任浙江省委书记习近平考察横坎头村集锦（一）

　　习书记指出，老区和老区人民，为我们党领导的中国革命做出了重大牺牲和贡献，也为我们留下了宝贵的精神财富。这些牺牲和贡献永远镌刻在中国共产党、中国人民解放军、中华人民共和国的历史丰碑上。没有老区人民做出的牺牲和贡献，就不可能有人民共和国的诞生，就不会有今天的社会主义事业。我们绝不能忘记历史，绝不能忘记老区人民，绝不能忘记老区的开发建设。我们要饮水思源，艰苦奋斗，励精图治，开拓进取，发扬老区优良传统，加快老区开发建设，为全面推进浙江省改革开放和现代化建设而努力奋斗。

时任浙江省委书记习近平考察横坎头村照片集锦（二）

　　习书记指出，加快推进老区建设，要突出重点，努力提高革命老区的自我发展能力。要从各地实际出发，因地制宜，充分发挥当地优势，大力发展效益农业。要把老区发展与实现工业化、推进城市化相衔接，和下山脱贫有机结合起来，充分发挥老区干部群众的积极性和创造性，自力更生，奋发图强，着力提高自身"造血功能"。

　　习书记强调，加快推进老区开发建设是浙江省全面建设小康社会，实现区域经济协调发展的必然要求。我们一定要从全局的高度充分认识加快革命老区开发建设的重要意义，以高度的政治责任感和历史使命感，把加快老区开发建设工作抓紧抓好。只有老区人民富裕了，才谈得上浙江人民的共同富裕；只有老区人民实现了小康，才谈得上浙江真正实现全面小康；只有老区达到了现代化目标，才谈得上浙江全省提前基本实现现代化。

在横坎头村，习书记慰问了老交通员夏日初。习书记坐在夏日初家里的圆桌前与其话起家常，对在战争年代曾作为交通员的夏日初表示衷心的感谢。习书记亲切地询问了夏日初近年来的家庭

时任浙江省委书记习近平慰问老交通员夏日初

生活情况，从吃穿到住行，事无巨细，并对其身体状况表示关心，叮嘱夏日初放宽心，保重身体，党和政府无时无刻不在关怀老一辈的晚年生活，日子一定会越过越好。习书记还与夏日初共同鼓掌，祝愿新春快乐，表达对未来生活的美好希冀，共同祝福祖国好、共产党好、老百姓生活好。

时任浙江省委书记习近平向老交通员夏日初送上慰问金

时任浙江省委书记习近平看望困难群众

习书记向夏日初送上了慰问金，祝老人家健康长寿，晚年幸福，并一再交代村干部要倍加关怀"三老"（新中国成立前入党的农村老党员、老游击队员、老交通员）的生活，让他们安度晚年。夏日初双手颤抖地接过慰问金，眼里闪着泪花，激动地说："谢谢习书记、谢谢共产党对我们老同志的关怀。在共产党的领导下，我们横坎头村一定会越来越好，我们老百姓的生活也一定会越来越好。

习书记还表达了对横坎头村未来发展的美好祝愿，夏日初激动地表示，习书记美好的祝愿，激起了我心中的暖流，使我对党和政府的领导更有信心。我将紧紧跟随党和政府的步伐，不遗余力地发挥余热，共同建设横坎头村更好的未来。

习书记还参观了位于横坎头村的浙东区党委旧址。在浙东革命根据地纪念馆，习书记认真听取了浙东革命斗争的历史介绍，指出："前事不忘，后事之师"。革命老区要继承先辈革命遗志，不断弘扬红色文化，传承红色基因，早日把横坎头村打造成为全国革命老区样板村。

习书记离开横坎头村时，与村民依依惜别。习书记亲切地握着横坎头村原主任黄水夫的手说："你这个村长不简单！"习书记还殷切地嘱咐村干部："全体村干部一定要齐心协力共商红村脱贫致富奔小康的大计。用好红村自身资源优势，因地制宜发展特色产业，这是实现脱贫致富的重要途径。在实际工作中要切实关心每个家庭特别是贫困家庭，通过因地制宜发展特色产业促进农民增收致富。"

时任浙江省委书记习近平与村民代表
在浙东革命根据地纪念馆前合影

陪同习书记考察的薛驹同志与横坎头村党总支书记张志灿深切交谈，要求横坎头村紧紧按照习书记嘱托，全体村干部要饮水思源，艰苦奋斗，励精图治，开拓进取，继承发扬革命老区的优良传统，把红村人民的生活改善时刻放在心上、抓在手上，真抓实干，不断加快老区开发建设，让人民真正过上幸福的生活，把红村建设好，尽快脱贫致富奔小康，成为全国革命老区奔小康的先行村。

时任浙江省委书记习近平与横坎头村原主任
黄水夫亲切握手交谈

红色，是横坎头村的宝贵血统和基因。然而，当时的横坎头村还有另外一个标签——"贫困"。横坎头村可以说是穷得叮当响，2002年，全村工农业总产值2820万元，农民人均可支配收入只有3012元，村集体负债45万元。一个交通不便、缺乏产业的贫困村，怎样才能后进追赶，变成小康村？这是摆在横坎头全体干部群众面前的一道难题。

只要思想不滑坡，办法总比困难多！

2003年2月8日，农历正月初八，新年上班第一天，横坎头村的村干部们在商议了如何贯彻落实习近平书记考察时的指示精神之后，决定以村党总支和村委会的名义给习书记写一封信，汇报今后的工作打算。

横坎头村在信中提出，加快中心村建设，率先在老区中全面实现小康，主要措施包括：

——立足山区资源优势，发展生态农业；

——用足两个优势，发展商贸经济；

——加大招商引资力度，发展工业经济；

——推进梯度移民，加快村庄建设。

给时任浙江省委书记的习近平同志的一封信

2003年2月11日，农历正月十一，习近平同志收到横坎头村的信件后马上进行了回复。他在信中写道："来信收悉，看到你们村两委在新年上班的第一天就研究全村的发展大计，我感到非常欣慰，对你们下一步的目标打算和工作措施，我完全赞同。希望你们在新一年里，深入贯彻落实党的十六大精神，按照省委十一届二次全会的工作部署，发扬老区的优良传统，保持艰苦奋斗、自力更生的精神风貌，解放思想，与时俱进，加快老区开发建设，尽快脱贫致富奔小康。"

习近平

中国共产党浙江省委员会

梁弄镇横坎头村支部、村委会的同志们，你们好：

来信收悉。

看到你们村两委在新年上班的第一天就研究全村的发展大计，我感到非常欣慰。对你们下一步的目标打算和工作措施，我完全赞同。

希望你们在新一年里，深入贯彻落实党的十六大精神，按照省委十一届二次全会的工作部署，发扬老区的优良传统，保持艰苦奋斗、自力更生的精神风貌，解放思想，与时俱进，加快老区开发建设，尽快脱贫致富奔小康。

2003年2月11日

2003年2月11日，农历正月十一，习书记收到横坎头村的信件后马上写了回信。

习书记在回信中写道："来信收悉。看到你们村两委在新年上班的第一天就研究全村的发展大计，我感到非常欣慰。对你们下一步的目标打算和工作措施，我完全赞同。"

"希望你们在新一年里，深入贯彻落实党的十六大精神，按照省委十一届二次全会的工作部署，发扬老区的优良传统，保持艰苦奋斗、自力更生的精神风貌，解放思想，与时俱进，加快老区开发建设，尽快脱贫致富奔小康。"

习近平书记的回信，给横坎头干部群众增添了巨大的信心。

群众的冷暖，

牵动着习书记的心；

考察横坎头，

留下了习书记坚实的脚印。

看望老党员、老战士和困难群众，

把党的温暖送入老区人民心里，

把村民的创业热情给有效激发。

富裕、小康、生活幸福，

是老区人民的心愿；

苦干、实干、加把劲干，

是红村干群的传承。

老区精神，是横坎头的财富宝库；

绿水青山，是横坎头的金山银山；

领袖牵挂，是横坎头的不竭动力。

2003年以来的15年，横坎头村全体干部群众牢记习书记殷殷嘱托，在各级党委、政府的高度重视和帮扶下，一件事情接着一件事情办，一年接着一年干，从实际出发，因地制宜，努力提高革命老区的自我发展能力，村庄面貌和群众生活发生了翻天覆地的变化，并获得"全国文明村"等荣誉称号，广大农民在乡村振兴中有了更多获得感、幸福感。

2018年2月10日，横坎头村召开党员大会。在这次党员大会上，大家提议要给习近平总书记写一封信，说说村里的变化，再把村里获得"全国文明村"的情况告诉习总书记。

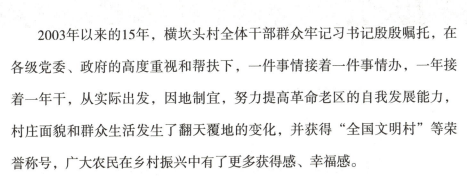

2月12日，一封由横坎头村143名党员代表签名、饱含老区人民深情的信，寄给了习总书记。

敬爱的习总书记：

您好！

我们是您视察过的革命老区——浙江省余姚市梁弄镇横坎头村全体党员。2003年1月29日至30日，担任浙江省委书记不久的您，在除夕前两天顶着寒风、带着对革命老区群众的深切关怀，专程来到梁弄镇考察，并在我们村召开座谈会。一提起您当年来我们村的考察活动，一想起您当初在我们村作出的重要指示，我们一直倍感激动、倍受鼓舞。前不久，我们村获得了"全国文明村"荣誉称号，全村百姓欢欣鼓舞。高兴之余，大家想到的头一件事，就是写信把这个好消息告诉您。

我们永远不会忘记您在座谈会上的重要讲话："只有老区人民富裕了，才谈得上浙江人民的共同富裕；只有老区人民实现了小康，才谈得上浙江真正实现全面小康；只有老区达到了现代化目标，才谈得上全省提前基本实现现代化。"我们一直没有忘记您的殷切期望："要把梁弄建设成为全国革命老区全面奔小康样板镇。"特别是在离开我们村之前，您深情地说："这个地方我以后还会来的。"此情此景，一直历历在目，一直铭记在心，也一直激励着我们加快革命老区建设发展。

2003年春节后，我们给您写了一封信，汇报新一年的工作打算。没想到您很快回信，并在信中鼓励我们解放思想、与时俱进，加快老区开发建设，尽快脱贫致富奔小康。15年来，我们始终遵照您的嘱托，坚定不移传承红色基因，深入践行"两山"重要思想，自力更生，艰苦创业，村庄发展、村民面貌发生了翻天覆地的变化。在各级政府支持下，累计投入1.5亿元对位于我村的浙东（四明山）抗日根据地旧址群进行保护性修缮，旧址群也先后被确定为全国重点文物保护单位、全国百个红色旅游经典景区、全国爱国主义教育基地、国家国防教育示范基地，为我村发展红色旅游产业提供了有力支撑，年接待游客50余万人次。大力发展绿色经济，建成了总面积达1000多亩的樱桃园、桑果园、杨梅园、盆景园和垂钓园，成为远近闻名的"百果园"，乡亲们累计增收2000余万元，其中利用互联网销售农副产品、承接农事采摘等累计增收600余万元。这些年，我们村依托红色旅游、绿色资源，真正走上了全面小康道路，获得了"浙江省全面小康示范村"荣誉称号。2017年村级集体经济收入260多万元，农村居民人均可支配收入27568元，分别比15年前增长20倍和17倍。

15年来，我们始终牢记您的嘱咐，坚定不移坚持党建引领，牢记为民初心，共建共享，造福百姓。加强村党组织建设，建立了浙江省革命老区首个村级党委，探索了"前哨支部""农家小院党建阵地"等新做法，开展了"我是党员"系列活动，党组织的战斗堡垒作用和党员的先锋模范作用充分发挥。积极推进基层社会治理"一张网"建设，实现了"资源进网格、事务进网格、人员进网格"，全村社会和谐安定。大力开展美丽乡村建设，投入3000余万元打造天蓝、地净、水清的宜居环境。先后投入上千万元资金，累计完成50多项民生工程。目前，村里建起了文化礼堂、健身广场、卫生服务中心等一批公共服务设施，村里的老年人像城里人一样享受养老金、医疗保险，一半以上的家庭拥有了私家车。看着村子越来越美、大家生活越来越好，我们打心眼里感到高兴，从心底里感谢我们敬爱的总书记、感谢我们伟大的党！

这段时间，我们正在认真学习党的十九大精神，深刻领会习近平新时代中国特色社会主义思想的精髓要义。在学习贯彻过程中，大家反响非常热烈，都说党的十九大报告讲的句句都是老百姓盼的事，有十九大精神的指引，乡亲们的日子一定会越过越红火。特别是"决胜全面建成小康社会""乡村振兴战略""坚决打赢脱贫攻坚战"等战略部署，让我们老区人民觉得发展的方向更明了、劲头更足了。下步，我们将深入贯彻党的十九大精神，沿着您当

全国革命老区全面奔小康样板村

横坎头村

年重要讲话精神指引的路子走下去，撸起袖子加油干，甩开膀子加快干，努力实现高质量发展，高水平建成"美丽乡村"。我们坚信，有以您为核心的党中央的坚强领导，有各级党委、政府一如既往的关心支持，我们的明天一定更加美好！

最后，我们代表全村父老乡亲，邀请您再来我们横坎头村考察指导工作。

衷心祝您工作顺利、身体健康！

浙江省余姚市梁弄镇横坎头村全体党员

2018年2月10日

2月28日，习总书记给横坎头村全体党员回信了！

习近平总书记在回信中说："很高兴收到你们的来信。15年前到你们村的情景我都记得，我一直惦记着乡亲们。这些年，村党组织团结带领乡亲们艰苦奋斗，发展红色旅游，利用绿色资源，壮大特色农业，把村子建设成了远近闻名的小康村、文明村，乡亲们生活不断得到改善，我感到十分欣慰。"

"办好农村的事情，实现乡村振兴，基层党组织必须坚强，党员队伍必须过硬。希望你们不忘初心、牢记使命，传承好红色基因，发挥好党组织战斗堡垒作用和党员先锋模范作用，同乡亲们一道，再接再厉、苦干实干，结合自身实际，发挥自身优势，努力建设富裕、文明、宜居的美丽乡村，让乡亲们的生活越来越红火。"

中国共产党中央委员会

横坎头村的党员同志们：

你们好！很高兴收到你们的来信。15 年前到你们村的情景我都记得，我一直惦记着乡亲们。这些年，村党组织团结带领乡亲们艰苦奋斗，发展红色旅游，利用绿色资源，壮大特色农业，把村子建设成了远近闻名的小康村、文明村，乡亲们生活不断得到改善，我感到十分欣慰。

办好农村的事情，实现乡村振兴，基层党组织必须坚强，党员队伍必须过硬。希望你们不忘初心、牢记使命，传承好红色基因，发挥好党组织战斗堡垒作用和党员先锋模范作用，同乡亲们一道，再接再厉、苦干实干，结合自身实际，发挥自身优势，努力建设富裕、文明、宜居的美丽乡村，让乡亲们的生活越来越红火。

请转达我对乡亲们的诚挚问候！

2018 年 2 月 28 日

　　我见青山多妩媚，料青山见我应如是。早春的四明山，梅红莺飞，尺牍传情。

　　总书记的回信情真意切、朴实感人，极大地鼓舞了全村党员群众。巍巍四明，群山欢腾，党员乡亲奔走相告，干部群众备感振奋。

　　接到总书记回信后，浙江省委书记车俊立即作出批示：习近平总书记给横坎头村全体党员回信，充分体现了总书记对大家的关怀，也寄托着总书记对横坎头村的厚爱和期望。希望宁波市以习近平总书记的回信为动力，牢记嘱托，再接再厉，实现新时代乡村振兴，实现宁波新发展。

　　3月1日上午，浙江省委常委会召开扩大会议，专题传达了习近平总书记给横坎头村全体党员回信的精神。

　　会议强调，实施乡村振兴战略，是新时代做好"三农"工作的新旗帜和总抓手。浙江作为习近平总书记新时代"三农"思想的重要发源地，要深入贯彻落实十九大精神和中央农村工作会议精神，认真落实习近平总书记重要指示要求，并以此为动力，以更高的政治站位、强有力的政策举措，高质量走好乡村振兴之路，奋力推动乡村振兴走在前列，高水平推进农业农村现代化。

　　会议指出，实施好乡村振兴战略，加强农村基层党组织建设是根本保障。要切实加强农村基层党组织建设，高标准落实"浙江二十条"，深化基层党建"整乡推进、整县提升"，引导基层党员干部队伍不忘初心、牢记使命，传承好红色基因，同乡亲们一道，再接再厉、苦干实干，努力建设富裕、文明、宜居的美丽乡村，让全省农民群众过上更加美好的生活。

　　省委常委会甫一结束，3月1日下午，浙江省委常委、宁波市委书记郑栅洁就带着习近平总书记给横坎头村全体党员的回信，赶到了横坎头村。

书短情长，字字暖心。

"15年前到你们村的情景我都记得，我一直惦记着乡亲们……"下午3时许，横坎头村村委会会议室里，郑栅洁将回信念了一遍又一遍。140余名党员干部屏息聆听着习近平总书记给横坎头村全体党员的回信。

激动的感情，绽放在每一个党员群众的笑脸上；热烈的掌声，从每一个党员群众的心底深处迸发，一遍，两遍……掌声经久不息，一阵阵划过山村的上空……

一封短信，饱含着总书记对这片他曾经夙兴夜寐、辛勤耕耘过的大地满怀的深情。

郑栅洁动情地说："这个春天，是横坎头村党员群众、也是宁波人民最为幸福的春天。"

郑栅洁指出，总书记在治国理政的繁忙工作中给大家回信，这是横坎头村的骄傲和光荣。横坎头村党委要认真学习领会总书记重要回信精神，

结合实施乡村振兴战略，结合我省"两个高水平"建设，结合宁波和余姚的奋斗目标，结合本村实际，立足当前、着眼长远，迅速提出贯彻落实总书记重要回信精神的具体行动计划，以只争朝夕、时不我待的精神抓紧抓实各项工作，努力抓出美丽乡村建设的新成效、新面貌。

郑栅洁向横坎头村全体党员干部传达习总书记回信

郑栅洁强调，横坎头村党委要一如既往传承红色基因，坚定理想信念，弘扬革命精神，把对党忠诚、为党尽责体现在一言一行之中，把横坎头村打造成为永不褪色的红色阵地。要一如既往推进富民强村，拉高标杆、追赶先进，因地制宜探索增加村民收入、壮大村级集体经济的新路子，让人民群众生活更加幸福美好。要一如既往凝心聚力，主动联系服务村民，积极做好心贴心、暖人心的工作，始终同村民想在一起、干在一起。要一如既往固本强基，完善基层组织制度和治理机制，加强党员队伍建设，把"基层党组织必须坚强、党员队伍必须过硬"的要求落到实处。

听到信件内容的那一刻，140余名四明山的党员干部心潮澎湃。

　　横坎头村党委书记张志灿激动地说，这封饱含总书记殷切嘱托的"春节家书"，更是一份给横坎头村全体党员群众沉甸甸的责任状。"总书记的回信，让我们深切感受到党中央对革命老区的高度重视，切身体会到总书记对革命老区人民的特殊关怀，深刻领会到总书记一切以人民为中心的执政理念！"

　　"我们将深入贯彻党的十九大精神，不忘初心、牢记使命，遵循总书记的指引，讲好红色故事、发展绿色经济、推动乡村振兴，将横坎头村发展好、建设好，以实际行动回报总书记的关心厚爱。"

郑栅洁参观横坎头村家园馆

梁弄镇党委书记何张辉说，总书记的回信给老区发展带来了强大的精神动力，梁弄镇全体干部群众将以坚定的意志和务实的举措，把红色基因传承好，把基层堡垒巩固好，把党员队伍建设好，让老区人民过上更加美好的生活，让习近平新时代中国特色社会主义思想伟大旗帜在老区高高飘扬。

"收到总书记给横坎头村党委的回信，我们感到十分激动、十分鼓舞。"余姚市委书记奚明说，"我们要拉高标杆、快干实干，集中智慧、集中资源、集中力量建设全国乡村振兴示范区，努力在兴旺农村产业、打造美丽乡村、推动富民强村、优化基层治理、深化农村改革五个方面争前列、作示范，不辜负总书记的嘱托和期望。"余姚市委副书记、市长潘银浩说："我们要深入学习宣传贯彻总书记重要回信精神，把总书记的关怀转化为'六争攻坚'的动力，推动横坎头村越来越好，推动老区和农村越来越好，推动余姚改革发展越来越好。"

中央电视台新闻联播播放的习总书记给横坎头村回信画面

夜幕降临，春风沉醉。难平激动心情的横坎头村乡亲们，多么想再聆听一遍总书记的回信啊！

中央电视台的新闻联播会重现这难忘的一幕吗？大家不约而同地守在了电视机前，期待着新闻联播开始。19时24分许，中央电视台新闻联播播出了习近平总书记给横坎头村全体党员的回信！

看着电视中一幕幕熟悉的村庄画面、重新聆听习总书记回信内容，党员群众备感振奋，纷纷拿出手机记录这珍贵的画面。

新闻联播结束，党员群众调转凳子，围成一个圈，你一言、我一语，开起了临时讨论会，抒发内心感慨、畅聊下一步乡村振兴之计。

张志灿又情不自禁地回忆起习近平总书记在2003年考察横坎头村时说过的一段话。习近平总书记说："艰苦奋斗是我们党的优良传统和政治本色。我们一定要牢记'两个务必'，谦虚谨慎、不骄不躁，艰苦奋斗、实践宗旨，始终保持奋发向上、一往无前的精神状态，不

中央电视台新闻联播播放的横坎头村党委书记
张志灿接受电视台采访画面

怕困难、百折不挠的坚强意志，自强不息、开拓进取的精神风貌，兢兢业业、无私奉献的工作态度，让老区精神代代相传，让艰苦奋斗的精神永放光芒。"

梁弄镇党委书记何张辉马上接过话茬："对！我们下一步就要在红色精神引领下，继续艰苦奋斗，把村党委建设成坚强堡垒，带领大家实现乡村振兴。"

"浙东抗日根据地旧址、高山移民别墅村、梁让大溪，这些都是我们每天看到的生活场景，但是通过电视画面看起来格外美丽，都不太敢相信这是我们的村子。现在回头想想，从当初的贫穷落后到现在的富裕美丽，村子的变化非常大，这都要感谢习总书记当年的勉励和关怀。"村党委委员邱民波说。

"看了习总书记的回信，很振奋。下一步，我们要围绕习总书记回信的主要精神，深入贯彻落实党的十九大精神和中央农村工作会议精神，以红色党建引领，加快绿色产业发展，充分发挥我们的地域优势。横坎头村在特色农业+红色旅游方面，要进一步加大群众的参与力度，通过发展民宿、农家乐、农特产品销售，结合本村的实际来提高农民增收。"何张辉说。

接过话题，张志灿说："总书记的回信，是鼓励也是鞭策，下一步，我们要把总书记回信的精神贯彻宣传好，作为我们下一步发展的动力。一方面要传承好红色基因，突出党建引领，推进党组织建设。同时，要抓好产业发展，围绕乡村振兴，利用好绿色资源发展农业，让村民们过上更好的生活。"

这一夜，每个村民心里种下了新梦想，15年前初次聆听总书记教诲时种下的小康梦已经成为活生生的现实。乡亲们又自发聚在一起，说感想、谋未来。

横坎头村组织党员、群众开展了形式多样的学习传达、贯彻落实总书记回信精神的活动，真抓实干、抢先行动，吹响了"党建争强，乡村振兴"的冲锋号。

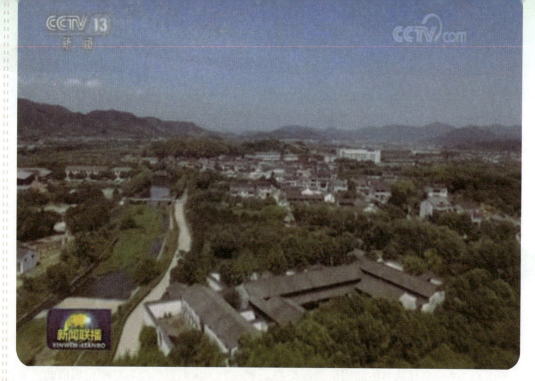

中央电视台新闻联播播放的横坎头村画面

在横坎头村，自学、夜学、集中学习近平总书记回信蔚然成风。横坎头村把习总书记回信的学习资料送到每户村民，还组织党员群众齐聚"前哨支部"收看晚间央视、浙江新闻联播等电视媒体报道，集中畅谈学习回信感受心得，在全村上下、田间地头掀起了"学总书记回信"热潮。

在横坎头村，细读、精读、聚焦读深入领会回信精神气氛高涨。通过对回信内容反复读、背、思，熟读读懂，个个党员能当宣传员；带着入党初心读、带着群众路线读、带着红色基因读，每个党员读出所以然；聚焦乡村振兴主题、联系自身实际，内读于心，外践于行，所有党员都有新作为。

在横坎头村，部署、动员、做表率抢抓落实开展得热火朝天。通过部署"美丽红村、幸福家园"环境整治提升行动，动员全体党员、村民代表将学习成果转为工作实效，"四个带头"（"带头学习宣传回信精神、带头提升村庄整体颜值、带头支持重点项目推进、带头引领村民素养提升"）争当典型；人人动手，争做美化庭院环境的积极践行者；党群携手，争做改善村容村貌的积极推动者，党员群众精气神不断提振。

　　总书记的重要回信如同和煦的春风，把老区党员干部群众的斗志和干劲激发了起来。一个多月来，余姚市、梁弄镇和横坎头村的发展规划修编、村庄环境整治、展馆设计布置等各项工作都在紧锣密鼓地推进。

横坎头村组织村民代表学习总书记回信

　　收到习近平总书记回信一个多月了，"浙东红村"——横坎头村发生了哪些可喜变化？广大干部群众干事创业的精神面貌又有了哪些提升？

　　为了寻求这些问题的答案，4月24日下午，浙江省委常委、宁波市委书记郑栅洁再上四明山革命老区调研，希望横坎头村党委团结带领广大党员干部群众，把总书记重要回信精神作为最大动力，牢记嘱托、真抓实干，努力把横坎头村建设成为全国乡村振兴样板村，不辜负总书记的亲切关怀和殷切期望。

　　在梁弄红色展馆，郑栅洁详细了解四明山区域和梁弄镇经济社会发展情况，要求当地党委政府因地制宜发展红色旅游、乡村旅游等富民产业，让乡亲们的生活越来越红火。

在刚刚投用的壹周稻田里度假客栈，郑栅洁对当地利用废弃仓库开发主题民宿的做法表示充分肯定。

郑栅洁参观横坎头村家园馆

暮春时节，鲜红的樱桃挂满枝头，郑栅洁饶有兴致地参观了梁弄百果园，与经营户们亲切交谈，鼓励他们进一步扩大种植规模，带动更多村民增收致富。

郑栅洁还考察了横坎头村村史馆和家书馆，并听取了余姚市、梁弄镇、横坎头村三级党委工作汇报。

郑栅洁指出，横坎头村是总书记一直牵挂的"浙东红村"，各项工作一定要对标高水平高要求，做革命老区全面奔小康的标杆，做全市乡村振兴的标杆。

郑栅洁参观横坎头村壹周·稻田里客栈

要传承好红色基因，讲述好革命故事，以史育人、以史资政，打造爱国主义教育、革命传统教育和理想信念教育的重要基地，让广大党员干部受到教育、洗礼和启迪。

要发展好美丽经济，提升好村民生活品质，坚持发展经济与改善民生并重、富口袋与富脑袋一起抓，努力走出一条强村富民的新路子，为全市各地提供可复制、可推广的经验。

要优化好村容村貌，建设好美丽家园，按照全面小康和乡村振兴样板的标准，科学编制村庄建设规划，尊重自然风貌，不搞大拆大建，促进民居内外环境协调美观、卫生保洁常态长效。

要牢记"两个必须"，巩固好基层基础，严格履行全面从严治党主体责任，加强党员干部教育管理，密切党群干群关系，构建乡村治理体系，营造文明和谐、安定有序的社会环境。

浙江省委书记车俊一直在关心着横坎头村的发展。

5月24日，省委书记车俊结合"大学习、大调研、大抓落实"活动，来到横坎头村调研指导，与乡亲们重温总书记回信，共议加快推动浙江省老区乡村振兴。他强调，我们要以习近平总书记回信的重要指示精神为指导，挖掘红色资源，坚持绿色发展，努力把横坎头村打造成全国革命老区建设的样板村和乡村振兴的示范村。

车俊在横坎头村说事亭与当地党员群众共话落实总书记回信重要精神

进入四明山区，山色翠绿，湖水如镜。车俊一行瞻仰了四明山革命烈士纪念碑并敬献花篮，表达对革命前辈的追思。来到横坎头村，车俊一路走一路看，问村庄建设，问产业发展，问村民生活。在村小广场的"说事亭"里，一群老人正在下棋聊天。车俊拉过小竹椅，坐下与他们攀谈。

车俊说，习近平总书记对老区格外关心，对老区人民特别牵挂。总书记日理万机，还特地给横坎头村党员回信，体现了人民领袖以人民为中心的情怀。我们要不辜负习近平总书记的期望，把村庄建设好，把产业发展好，让村民更富裕。

如今，横坎头村的"红色旅游"发展如火如荼。在红村土特产销售中心，车俊了解到年轻店主邬玲莉大学毕业后愿意在村里扎根，非常高兴。他说，乡村振兴的一个重要标志，就是年轻人是否愿意回归乡村，服务乡村。希望你能把店越开越大，把更多当地的土特产销售出去。车俊还走访了百果园合作社、壹周·稻田里客栈等，鼓励经营者不仅要自己富裕，还要带动村民富裕，努力培育特色产业。

车俊在横坎头村勉励壹周·稻田里客栈经营者带动村民共同富裕

在与横坎头村党员群众座谈时，车俊指出，全省上下要以实际行动深入持久地学习贯彻习近平总书记回信的重要指示精神，不忘初心，牢记使命，坚持把老区乡村振兴作为实施乡村振兴战略的重中之重和攻坚战来谋划、部署、推进，确保老区人民同全省人民同步高水平迈入全面小康社会。要把基础设施这一发展短板尽快补齐补好，夯实老区乡村振兴的硬件基础。要把丰富的红色资源与老区发展紧密结合起来，弘扬红色文化、发展红色经济。要牢固树立绿色发展理念，把保护生态环境作为乡村振兴的根本立足点，进一步打开"绿水青山"向"金山银山"的转化通道。

车俊强调，实现乡村振兴，基层党组织必须坚强，党员队伍必须过硬。全省广大农村党组织特别是老区乡村党组织要始终牢记总书记的殷殷嘱托，全面加强对农村各类组织、各项事务的领导，团结带领广大农村群众一颗红心跟党走，撸起袖子加油干，用勤劳的双手建设美好家园。

车俊在横坎头村参观"家书馆"

　　家居绿水青山畔，人在和谐红村中。横坎头村，因红而得名，因绿而秀丽，因勤而致富。"总书记的回信，让我们深切感受到党中央对革命老区的高度重视，切身体会到总书记对革命老区人民的特殊关怀，深刻领会到总书记一切以人民为中心的执政理念!"张志灿说，横坎头村要以习近平总书记的回信为动力，深入贯彻落实党的十九大精神，紧紧围绕"让红色更红、让绿色更绿、让亮点更亮"的横坎头建设发展思路，全力打造全国乡村振兴样板村。

　　巍巍四明，孕育了红色种子;青山绿水，阅尽了沧海桑田。

　　从15年前的"全面奔小康，老区不落后"到如今的"全面奔小康，老区创示范"，更高水平全面小康的图景，从未像现在这般清晰。在这片红色土地上，乡村振兴之举，将从这一刻再出发!

第二章

割舍不掉的一抹乡愁
——村史村情概览

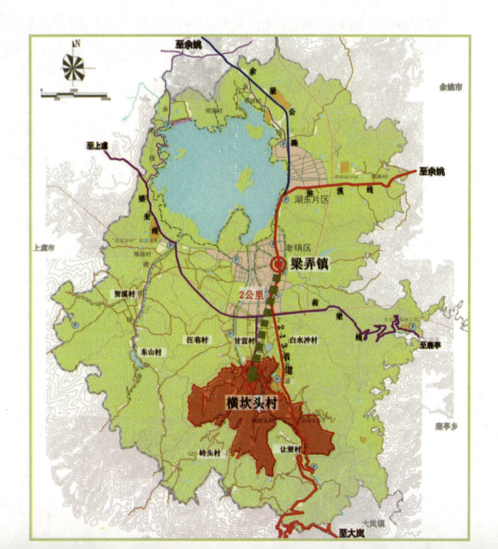

岁月沧桑，追本溯源。

那一抹浓浓的乡愁，

挥不去，割不断。

家是避风的港湾，

村是文明的记录。

无论世居，无论迁入，

那道千年不变的横坎，

便是村庄的符号。

盘点横坎头村那些古老的家底，

或是故事，或是荣耀，

都会激活村庄时代的血液，

为我们插上腾飞的翅膀！

一、村情概况

依山傍水的横坎头村是梁弄镇的中心村，距离梁弄镇中心2公里，余姚市区25公里，宁波市区48公里。北斗湾、紫溪、百丈岙、大岭顶等涓涓细流，汇聚成夏横溪后由东向西流去，直奔浣溪。鞍山岭既

横坎头村村情

是横坎头的天然屏障，又是通往梁弄的要道。横坎头村民依山而住，傍水而居，环顾左右，茂林秀竹，风景旖旎。

横坎头村总面积7.3平方公里，耕地1003亩，山林面积6266亩，其中集体经营山林1588亩。现有35个村民小组，农户871户，人口2473人。2017年，全村实现工农业总产值3.85亿元，村民人均可支配收入27568元。

二、村庄简史

横坎头村历史悠久，自汉时已有先民居住。先辈在夏横溪中砌横向双埠石坎，以石代桥，横坎头村由此得名。宋时，随高宗南渡扈跸来余姚四明者日增。明代先后有黄姓、张姓、徐姓、周姓、冯姓等族人迁居横坎头。1991年10月7日，横坎头村被浙江省人民政府命名为浙江省历史文化名村。2001年4月，横坎头、紫溪、百丈岙、半山、大岭下、牛轭丘六个自然村合并为横坎头村。

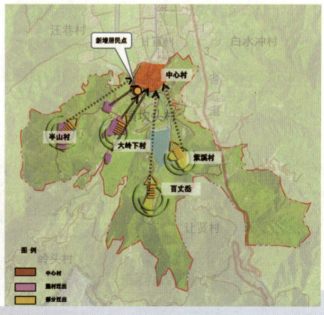

村庄迁址规划

村庄及人口迁出规划依据梁弄镇总体规划思路，山区居民整体或部分北迁至中心村，有效整合资源，并为后期的旅游开发奠定基础。

紫溪村：建议居民部分外迁，整合现有的院落空间。鼓励村民参与业态经营。

大岭下：建议整村居民迁出，现有建筑大部分拆除。

半山村：建议整村居民迁出，保留现有大部分建筑，以作为后期开发的基础。

百丈岙：鼓励部分居民迁出，村庄开发为艺术村落，鼓励村民参与业态经营。

村庄名称	现有人数	迁入人数	迁出人数	规划人数
百丈岙	477	--	--	525
半山	336	--	336	--
大岭下	533	--	533	--
老横坎头	375	1091	--	1610
牛轭丘	222	--	222	--
紫溪	553	--	--	610

图例
- 中心村
- 整村迁出
- 部分迁出

横坎头村自然村下山移民规划图

三、自然村沿革

原横坎头村，1949年初为让贤乡九保，1950年为二村，1956年为联盟高级社，1961年为让贤公社横坎头大队。1983年为让贤乡横坎头村民委员会，1992年为梁弄镇横坎头村民委员会，2001年合并其他5个村民委员会，继续沿用横坎头村名。

原紫溪村，以村委会驻地紫溪而得名。1949年初为让贤乡二保，1950年为羊额岭二村，1956年为让贤乡金星高级社，1961年让贤公社紫溪大队。1983年为让贤乡紫溪村民委员会，1992年为梁弄镇紫溪村民委员会，2001年撤村并入横坎头村。

原百丈岙村，因境辖百丈岗山而得名。1949年初为让贤乡四保，1950年为羊额乡四村，1956年为让贤红星高级社，1961年为让贤公社西岙大队，1981年更名为百丈岙大队。1983年为让贤乡百丈岙村民委员会，1992年为梁弄镇百丈岙村民委员会，2001年撤村并入横坎头村。

原大岭下村，以地处大岭下得名，1949年初为让贤乡十保，1950年为羊额乡一村，1956年为让贤乡幸福高级社，1961年为让贤公社大岭下大队。1983年为让贤乡大岭下村民委员会，1992年为梁弄镇大岭下村民委员会，2001年撤村并入横坎头。

原半山村，境内位于燕石半山腰，由此得名。1949年初为让贤乡十保，1950年羊额乡一村，1956年为让贤乡幸福高级社，1961年为让贤公社半山大队。1983年为让贤乡半山村民委员会，1992年为梁弄镇半山村民委员会，2001年撤村并入横坎头村。

原牛轭丘村，村内有一丘田，形似牛轭，故名。1949年初为让贤乡十四保，1950年为羊额乡一村，1956年为让贤乡幸福高级社，1961年为让贤公社牛轭丘大队，1966年为红卫大队，1971年复为牛轭丘大队。1983年为让贤村牛轭丘村民委员会，1992年为梁弄镇牛轭丘村民委员会，2001年撤村并入横坎头村。

规划定位

中心村（含牛轭丘村）：
1. 现状人口：人口分布较为集中，是实际居住人口最多的自然村庄。
2. 环境状况：水系污染严重，村庄布局凌乱。
3. 发展展望：活力、宜居的中心村落；红色文化康游基地；有机农业示范基地。

紫溪村：
1. 环境状况：村宅院落等沿水系展开，道路街巷径通幽。
2. 现状人口：人口较多，且主要沿河布局。
3. 建筑风貌：沿河建筑肌理较好，内部街巷纵横，有部分具有保留价值的院落。
4. 发展展望：政府引导，居民参与，打造别具文化风情、幸福祥和的特色江南山区滨水街巷村落。

半山村：
1. 环境特征：建筑依山傍水、错落布局，周边山林、樱桃基地风景优美。
2. 现状人口：实际居住人口较少，且多为老年人。
3. 建筑肌理：建筑肌理较为统一，与周边环境有较好的呼应。
4. 发展展望：村宅建筑统一征用，打造红色训练营地或培训教育会所。

百丈岙：
1. 环境特征：隐于周边自然山林之中，建筑布局随山就势，层次较好。
2. 现状人口：实际居住人口较少，且多为老年人。
3. 建筑风貌：建筑风貌特色鲜明，部分建筑具有地域特色。
4. 发展展望：政府引导，居民参与，规划为艺术家村落、风情写生基地。

横坎头村六个自然村的定位规划图

四、主要姓氏溯源及宗祠

（一）姓氏溯源

黄姓： 五代后唐时，越州别驾黄褒（xiù）迁居剡州（今嵊州市）北庄，又从北庄迁居余姚县四明乡（今梁弄镇），为四明黄氏始祖。明嘉靖二十二年（1543年），梁弄镇黄氏墙里一支为避倭难，徙居黄家山即今百丈岙、牛轭丘。清顺治年间（1644年–1661年），梁弄镇黄氏真门一支迁居云根，后移居横坎头。

张姓：南宋初年，魏国公张浚从高宗南渡扈跸迁于上虞孔堰，为一世祖，后世迁至梁弄紫溪。

徐姓：明万历年间（1573年–1620年），徐来恩徙居四明紫溪。

姚姓：唐乾符六年（879年），御史姚颖为避黄巢起义，自安徽歙县迁居余姚四明乡（今梁弄镇姚巷），明万历年间（1573年–1620年），后世迁居大岭下村。

周姓：清代中期，余姚水阁周的周氏一支迁居大岭下村。

冯姓：明代，冯氏从慈溪县（今慈溪市）慈城迁居余姚县小墅四观（今属梁弄镇让贤百丈岙）。

（二）宗祠

徐氏宗祠：建于清代，位于紫溪，三合院，正殿三间，堂号清德堂。

横坎头村山村风貌

张氏宗祠：建于清代，位于紫溪，三合院，正殿三间，有戏台，堂号百忍堂，后改为紫溪小学校舍。

周氏宗祠：建于清代，位于大岭下，正殿三间，均为方柱，堂号制作堂。

五、古迹文物

（一）古迹

白水宫：汉初有皇初平、白公隐于白水山之潺湲洞。东汉永平年间（58年-75年），下邳人上虞县令刘纲，弃官与妻樊云翘学道于白公门下，洗药致溪水成紫色，其流为洗药溪，亦名紫溪，村以溪名为紫溪。道成飞举于大岚，后建祠宇观。唐天宝三年（744年）敕道士崔衔、处世李建移观于刘、樊之故居潺湲洞外，名为白水宫。宋政和六年（1116年），诏扩白水宫，建玉皇殿，徽宗皇帝书其门榜曰："丹山赤水洞天。"嘉熙年间（1237年-1240年），宋理宗祀会稽龙瑞宫求嗣，分藏金龙玉简于此。白水宫自陈永定元年（557年）至明永乐元年（1403年），历850余年，为浙东道教活动中心。

西汉梅福曾于此筑石库藏书、炼丹，三国于吉，晋代魏道微、支遁，隋朝徐仙姑均在此修道炼丹。西晋永嘉年间（307年-313年），丹丘子云游至白水山，指大茗给虞洪，茶圣陆羽称瀑布仙茗。

白水亭：位于紫溪村东，建于清嘉庆戊辰年（1808年），南北走向，木石混合结构，三开间，硬山顶，梁架为五架台梁，方形石柱镌刻"亭名白水绕仙景，路达丹山送客游"楹联，南北山墙各筑拱门，门上方砖雕"白水亭"亭额，由里人赵凤山建造。有专人供茶，有茶会田7亩多，2010年11月公布为余姚市文保点。

横坎头村白水瀑布

　　明正德八年（1513年）夏，王阳明携学生徐爱等3人，从上虞经黄竹岭入四明山，邀汪巷进士汪克章一起过横坎头前往观白水奇观。游历后，王阳明即兴赋诗《四明观白水》二首。王阳明一行避羊额岭险境，经横坎头翻大岭，至下管游龙溪，过四明石窗达雪窦寺，从宁波归余姚。在四明山游学过程中，王阳明概括出了"至乐至学，非乐非学"的哲言。

四明观白水二首

（其一）

邑南富岩壑，白水尤奇观。

兴来每思往，十年就兹观。

停骖指绝壁，涉涧缘危蟠。

百源旱方歇，云际犹飞湍。

霏霏洒林薄，漠漠凝风寒。

前闻若未惬，仰视终莫攀。

石阴暑气薄，流触溯回澜。

兹游讵盘乐，养静意所关。

逝者谅如斯，哀此岁月残。

择幽虽得所，避时时犹难。

刘樊古方外，感慨有余叹。

四明观白水二首

（其二）

千丈飞流舞白鸾，碧潭倒影镜中看。

藤萝半壁云烟湿，殿角长年风雨寒。

野性从来山水癖，直躬更觉世途难。

卜居断拟如周叔，高卧无劳比谢安。

古道：梁弄至大岚官道穿村而过，路宽2米，用卵石砌成。由梁冯桥经甘泉畈茶亭、鞍山岭、横坎头、紫溪，直至黄纸厂上羊额岭，全长10公里，已历千年。

横坎头村羊额古道

　　福庆桥：清嘉庆年间（1796年–1820年），里人俞昌漠、周心意等募资建石桥于夏横溪，名为福庆桥。以后由横坎头黄方增修葺。至清宣统年间，溪阔桥损甚险，黄嘉树等发起募集巨资重建石桥十三洞。并在桥头建桥亭，内列"重建福庆桥助缘碑"，置石凳。桥至民国三年（1914年）建成，共计用银四千余元。1962年8月1日，台风期间被洪水冲垮后重建。

云根山房：位于横坎头，近临白水冲云根峰，故名"云根山房"，为黄葆桢住宅。四合院临溪而建，溪畔建有花园，名曰："莳牲园"。园中莲花鱼池，小桥轩亭，亭曰："藕船亭"。曲径通幽，遍植四季花卉。抗战时期曾为教导大队驻地，部分房屋后被焚，花园遭水毁。

保安水龙局：创办于清代，位于酒店门里西北面，门额上置"保安水龙局"砖雕，内有双缸水龙、水枪、梯子、禾叉、摇台（照明油灯）等消防用具。"铜锣敲得响，摇台点得猛"之句，正是晚间救火情景之写照。

（二）庙宇

寄石庙：位于大岭下自然村。清代初，人们在黑龙寄石处建造一庙，以祀龙王祈求幸福平安，取名为寄石庙。寄石庙朝东南，正殿三间，两边厢房各四间，有石柱戏台一座。

杨贤庙：位于鞍山东南，建于清代，坐南朝北，二进，前殿五间，中间为穿堂，正殿三间东西侧屋各三间，门前左右有古柏两株，树龄400余年。相传为祭祀古时杨姓乡贤而建。

宫前庙：位于白水宫前面，故名宫前庙。始建于明代，正殿三间，厢房各二间，现存为民国建筑，是为白水宫遗存佐证。

徐氏大墙门：位于紫溪自然村，由清庠生徐世英之父于清光绪年间建造，五楼两厢，为三合院。徐氏为教师世家，曾在此开办徐氏私塾。1944年曾为浙东游击纵队织工部驻地。

横坎头村

六、民俗文化

耕读传家：横坎头村黄氏，清代有国学生等十余名，武生八名，有四代教师之家，边耕边读。民俗淳朴，村中有墙门额曰"礼门义路"，教人守礼行义。

黄氏家训：隐则死孝，仕则死忠，尔等读书明道当克自树立，毋负天地之所生与父母之所望。正伦厚恩内外肃然。

十番：亦称粗细杂番，二者可分可合，规模有大有小，一般民间乐队兼有粗细二种器乐，故俗称粗细杂番。粗十番以击打乐器为主，通常由6—8人组成。乐器有鼓、锣、钹、碰铃、唢呐、招军等。细十番以丝弦乐器为主，演出人员10余人不等，乐器有二胡、板胡、笛子、琵琶、金刚腿、三弦、月琴等，总共乐器达三十多种之多。粗细杂番常用于民间婚丧喜庆、生日寿诞等场合，它的曲调丰富，能根据不同的场景，运用不同的乐器，演奏出不同的曲调。紫溪自然村有十番名为"大雅轩"。

石材工艺：紫溪村利用本地花岗岩丰富贮存，自明代以来，历代石匠采石制作石捣臼、石磉墩、石磨、石碓等农家用具，工艺精湛。

七、历史名人

黄方增（1762年-1844年），字如川，号寿水，国学生，能擘窠大书。九岁时父亲亡故，生活艰辛，赖母亲抚养长大，事母孝顺。牢记母嘱："当克自树立，无贻前人羞。"秉性朴诚，勤于操作，善于经营，逐渐致富。继承父辈好善乐施之美德，不吝施济乡里。凡疾病流行，必施药于贫民，以解病痛。清道光年间，出巨资修葺村中福庆桥方便行人。嘉庆二十年（1815年），乡间灾荒百姓大饥，施粥赈灾，以助度荒。道光十二年（1832年），正月大雨，又遭多次下雪以致巨灾，许多人饥寒交迫饿死道边，黄方增开仓济民，人颂其德。生前留有遗训："子贤不用钱，子不贤更不用钱。"以戒奢侈懒惰，提倡行善积德。尔后裔孙黄嘉树兄弟等人亦捐巨资重建十三洞福庆桥，刻石立碑留存至今。乡间称黄方增有三善：节、孝、义。

黄葆桢（1888年-1955年），字梁伯，号潜庐，上虞县（今上虞市）学堂中学预科毕业，后又在杭州自治研究所毕业，曾任凤鸣乡自治委员。姚江同声诗社初创任名誉社长，诗社重组后聘为名誉社董，姚江同声诗社三册诗集中收集其诗17首。善于雕刻各种竹根、竹玩。建梁弄阴功会，出资在浣溪买义葬地。晚年支持革命工作，鼓励儿子黄双河参加革命。

黄葆幹（1893年-1923年），字柏生，曾任凤鸣乡自治委员。幼喜动，生性放诞不拘。不置田地，引进苏州园林艺术，傍宅临溪筑花园"陌牲园"，成为山乡一处独特景观。随着年岁增长，学习祖辈崇德精神，弃顽向善，为民间修桥铺路建祠，在"皕牲园"内创办新式学堂"柏生小学"，为山民子女就近入学带来方便。

徐世英（1881年-1913年），庠生，先后在正蒙学堂、泗门诚意等学校任教。1921年在泗门任教期间，与邑人经贯之、泗门谢宝书等人创办"姚江同声诗社"，任编辑主任（社长），开姚江诗社之先河。邀集梁弄同乡黄廷范、邵之炳等21人担任名誉社长等职，横坎头黄嘉蕙、黄葆桢与梁弄前清道台黄承乙受邀参加诗社并给予资金支持。诗社共出诗刊三编，集诗1902首，其中徐松坡诗作78首。为诗社呕心沥血，积劳成疾英年早逝。

黄毓钟（育中）（1920年-1975年），浙江宗文中学毕业，抗战时期任让贤乡乡长，积极支持革命，带头将上新屋三合院让给浙东区党委作为驻地，送女儿黄岚参加三五支队，后北撤。

黄双河（1936年-1995年），中共浙东区党委与浙东游击纵队司令部进驻梁弄后，受革命思想影响，热心支持革命，为谭启龙、何克希办理事务，做后勤和保管及司令部侦察联络组等工作。积极参加有关革命工作，对抗日根据地建设做出努力。二十世纪六十年代，浙江省军区首长在信件中称他"为革命作出大贡献"。

黄纪增，参加三五支队，后北撤，参加过抗日战争和解放战争，屡立战功，后任解放军营长。

徐土森，参加三五支队，后北撤，参加抗日战争和解放战争。

第三章

延绵七十余年的红色记忆
——浙东延安风骨长青

山巍巍，松青青，

革命遗迹耀星空。

白水飞瀑，红岗劲松，

民族大义聚英雄。

战争年代指挥部，

运筹帷幄于村中。

抗日志士热血流，

剑心铁骨写春秋。

军民团结鱼水情，

抗击敌寇谱华章。

红星照亮横坎头，

浙东红村美名扬！

横坎头村位于余姚四明山革命老区，是浙东抗日根据地的中心所在地。这片红色土地，曾是全国19个抗日根据地之一，新四军战士和游击队员在此浴血奋战，被人们称为"浙东延安"。丰富的红色资源，浸润着这片土地；绵延70多年的红色故事，经久不息。

一、开辟浙东敌后抗日游击根据地

中共中央和毛泽东同志根据"皖南事变"后的形势，对新四军在华中作战的战略部署作新的安排，决定开辟浙东战略基地。

1941年2月1日，毛泽东致电刘少奇、陈毅等，明确指出"浙东方面，即沪杭甬三角地区，我们力量素来薄弱，总指挥部应增辟这一战略基地，经过上海党在该区域创立游击根据地（以松江等处原有少数武装作基础），中原局应注意指导上海党"。刘少奇、陈毅根据中央指示，决定由江南区党委书记谭震林负责开辟浙东的工作。江南区党委指示路南特委，立即组织浦东工委的武装力量向浙东挺进。

4月14日，日军发动"浙东作战"（宁绍战役），杭州湾南岸、萧甬铁路两侧绍兴、诸暨、镇海、宁波、慈溪、余姚、上虞等地相继沦陷。毛泽东和朱德又及时要求"发展广大的游击战争"，并指出"有单独成立战略单位之必要"，称"此区大有发展前途"。

5月10日，中共浦东工委派姜文光、朱人侠率淞沪五支队四大队一个班和五十团九连一个班50余人，组成先遣队南渡杭州湾，在余姚北部的相公殿一带登陆，取得国民党"第三战区宗德公署三大队"的番号。至9月18日，由浦东工委直接领导和秘密控制的武装部队共900余人，分七批先后南渡浙东，开辟浙东敌后抗日游击根据地，开展抗日游击战争。

10月，南渡浙东的抗日武装力量成立中共路南特委军事委员会浙东军分会（简称浙东军分会），统一领导在三北地区（余姚、慈溪、镇海三县北部）的抗日武装，这是浙东区党委成立前，统一领导浦东武装的领导机构，并与宁绍地方党发生横向关系。

1941年12月至1942年3月，浙东军分会先后派蔡群帆、黄明率部三进四明山，皆因国民党顽军阻挠而撤回三北，但为尔后挺进四明地区作了初步准备。

1942年5月，日军发动浙赣战役，浙江大片地区沦为敌占区。根据中共中央指示，华中局和新四军军部决心进一步发展浙东敌后抗日游击战争，并派出一批干部到浙东，加强与统一对浙东地方党组织和军队的领导。

7月8日，华中局发出《关于派谭启龙、何克希主持浙东工作的通知》，决定成立中共浙东区委员会。明确告知浙江各属党组织，"谭任浙东区党委书记，负政治上的责任；何任区党委军事部长，指挥浙江敌后党的武装"。7月28日，浙东区党委在慈北宓家埭正式成立，由谭启龙、何克希、杨思一、顾德欢四人组成，谭启龙任书记，何克希兼军事，杨思一任组织，顾德欢任宣传。8月，浙东军政委员会成立，何克希任书记，统一领导浙东抗日武装。同月，成立"第三战区三北游击司令部"，统一整编了浙东部队，何克希任司令员。浙东区党委的成立，使浙东人民的抗日斗争有了坚强的领导核心。

二、建立以横坎头村为中心的浙东敌后抗日游击根据地

浙东区党委与三北游击司令部成立前后一段时间，基本上在三北地活动。因三北地区为一长形沿海地带，大部队难以辗转，而南部四明山地区，位于嵊县（今嵊州市）、新昌、奉化、鄞县（今鄞州区）、慈溪、余姚、上虞七县交界处，从地形与敌伪顽三角斗争的形势来看，适合游击坚持，如若占领巩固之，可以作为敌后抗日根据地的中心区和后方基地。

1942年9月5日，中共中央华中局和新四军军部对浙东的抗日斗争方针作出指示，要求开辟四明山根据地。根据指示精神，9月22日，中共浙东区委在慈溪县（今慈溪市）鸣鹤镇盐仓基的叶氏大屋召开会议，作出《关于长期坚持浙东斗争的决定》，制订了"坚持三北，开辟四明，在四明山完全占领以后，再争取控制会稽"的工作方针。决定还着重指出，应"迅速发展建立四明、会稽两山地游击根据地之外，同时应更努力用一切方法，迅速巩固与坚持三北地区，并积极开辟沿海一带的游击斗争"。会议决定部队分三部分行动，一部分由谭启龙、何克希、张文碧率司政机关和四支队、教导队挺进四明地区，开辟四明山抗日根据地；一部分由刘亨云率第五支队坚持三北地区斗争；一部分由连柏生、林达率特务大队和新慈溪国

民兵团开辟慈东和慈西两个区，以保障三北与四明山的联系。华中局很快批准浙东区党委的这一方案，并强调"应迅速取得四明山、会稽山为主要阵地，这是长期坚持的基点"。10月10日晚，谭启龙、何克希、张文碧率部从匡堰游源出发，经过丈亭，渡过姚江，于11月进入四明山区。

1942年冬，挺进四明的部队回师三北，参加第一次反顽自卫战役。1943年1月30日，梁弄被伪第十师三十七团第一营侵占。伪军在狮子山、民教馆等处构筑工事，自诩为"中国式的马其诺防线"。三北游击司令部经过周密细致的侦查，决定拔除梁弄伪据点。1943年4月22日，三北游击司令部分三路奔袭梁弄，经过17个小时的激战，23日拂晓前，解放梁弄。是战，毙伤伪军40余人，俘虏伪军尉官以下40余人。

梁弄四面环山，有多条通道，是四明山的门户，战略地位十分重要，占据梁弄，也就等于控制了四明山区。梁弄战斗后不久，1943年8月，中共浙东区委进驻梁弄横坎头村，从此，梁弄成为浙东抗日根据地的指挥中心，同时也是浙江各地党组织联系的中心。而横坎头村，正处于根据地的核心位置。

浙东抗日根据地旧址

全国革命老区全面奔小康样板村 横坎头村

浙东以四明山梁弄为中心的抗日根据地建立后，随着浙东人民抗日武装力量的发展壮大，使日、伪、顽三股敌军极端仇视和恐惧，互相勾结，加紧对抗日根据地的进攻。国民党挺进第四纵队（88团田岫山部）、挺进第五纵队（89团张俊升部）以及挺进第三纵队（贺铖芳部）更是多次对根据地进行"围剿"。

在多次粉碎国民党顽军"围剿"的同时，华中局和新四军军部认为浙东抗日武装已无继续实行灰色隐蔽的必要。

1943年12月22日，新四军军部命令浙东抗日武装正式编为"新四军浙东游击纵队"，任命何克希为司令员、谭启龙为政委、刘亨云为参谋长、张文碧为政治部主任。

1944年1月5日，在梁弄镇横坎头村正式公布部队番号。1月8日，召开"庆祝新四军浙东游击纵队成立大会"，发表反内战通电。

浙东抗日武装编为"新四军浙东游击纵队"后，将所属部队统一整编为第三支队、第五支队、金萧支队、浦东支队、三北自卫总队、四明自卫总队和直属教导大队、警卫大队、海防大队，共有主力2300余人，地方部队1300余人。

新四军浙东纵队的成立，大大鼓舞了广大指战员的斗志，标志浙东敌后抗日游击战争进入新的阶段。

1945年，浙东行政公署进驻横坎头村。

在中共浙东军分会的领导下，由华中局、新四军军部、新四军第一师、第六师派遣的干部和浦东南渡三北的抗日武装，以及浙东地方党组织及其领导下的地方武装合在一起，经过四年多艰苦英勇的斗争，创建并巩固了浙东敌后抗日根据地，成为全国十九块抗日根据地之一。

浙东抗日根据地战略地位十分重要，是坚持浙东敌后抗战的坚强堡垒，对于发展壮大党领导的抗日武装，坚持浙东以至全浙江的抗战起了十分重要的作用。它直接威胁了日伪在沪杭甬的统治，抗击和牵制沪杭甬地区的日军，也配合了当时英美盟军准备在我国东南沿海登陆对日作战。

1945年8月15日，日本发布投降诏书。为迅速肃清残敌，浙东区党委旋即成立以谭启龙为主任的"动员委员会"，动员根据地一切军民力量，向拒绝投降的日伪军开展大反攻。浙东地区除宁波城区、余姚县城尚有日伪盘踞外，全部解放。

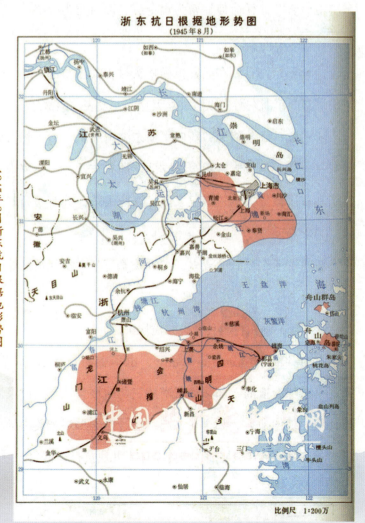

浙东抗日根据地形势图
（1945 年 8 月）

1945年8月浙东抗日根据地形势图

比例尺 1：200万

三、新四军浙东纵队战绩

据不完全统计，从1941年5月至1945年8月底，浙东纵队共作战643次，收复县城两座，攻克大小据点110余个；毙伤日军官兵610人，俘日军少佐顾问、军曹以下21人，毙伤伪军副旅长、团长以下3062人，俘伪军团长、支队长以下官兵5504人，缴获各种炮39门，机枪217挺，长短枪6809支和大量军用物资。浙东游击纵队在斗争中由小到大，由弱到强，从900余人发展到1万余人。

到1945年8月抗战结束，浙东抗日根据地的范围已扩大到北起黄浦江两岸、南达东阳、西至浙赣线、东达海边及海上部分岛屿，面积扩大到2万余平方公里，400万人口，在沪杭甬三角地带建立三北、四明、金萧、淞沪四个基本区和三东（鄞县［今鄞州区］、奉化、镇海三县东部和定海县）抗日游击区，拥有4个地区级政权组织、16个县级政权组织，并普遍建立了农民协会、民兵和工青妇等群众组织。

四、浙东纵队分路北撤

1945年9月20日，华中局转发中央电，命令新四军浙东纵队及地方党政干部，除留下少数秘密工作者和少数秘密武器外，必须在7天内全部撤离浙东，开赴苏北。

从9月30日至10月12日，新四军浙东纵队和党政机关、地方干部约15000余人，按计划分三路北撤。部队在上海青浦观音堂集中后，经常熟突破长江天险到达苏北涟水，接受整编。

五、浙东抗日根据地各项建设工作

（一）廉政建设

浙东抗日根据地各级政权自创立开始，就非常重视廉政建设。1944年1月15日公布施行的《浙东敌后临时行政委员会施政纲领》第五条，明文规定："厉行廉洁政治，严惩公务人员之贪污行为。"

1945年1月1日，浙东纵队颁布经首届军政干部会议通过的"供给制度"，不仅规定了严格的审查和

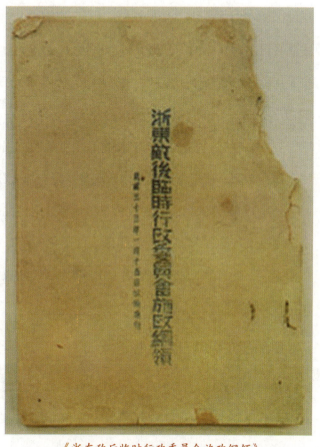

《浙东敌后临时行政委员会施政纲领》

手续，还规定"贪污浪费公物者，应受处罚，情节严重者处死。"在同月召开的浙东敌后各界临时代表大会上，通过《浙东行政区惩治贪污暂行条例》，规定了廉政建设的措施和办法，强调"共产党员有犯法者，从重治罪"。在华中各战略区的施政纲领中，只有浙东有这条规定。

（二）财政经济工作

浙东抗日根据地财政经济政策的基本原则是：废除苛捐杂税，实行合理负担，照章征税和征收公粮，在发展生产、改善人民生活的基础上，增加财源，保障部队和地方工作人员的供给。在努力增加财政收入的同时，统一公务人员供给标准，厉行节约，发扬艰苦奋斗优良传统。在根据地内全面实行二五减租，开展大生产运动，组织农民兴修水利，兴办各种合作社，促进农业生产的发展。

（三）文化教育工作

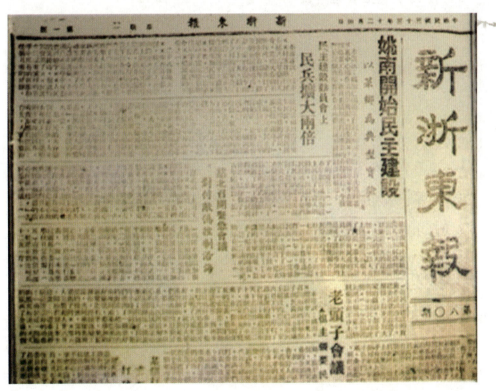

《新浙东报》

浙东抗日根据地的教育工作，主要有干部教育、社会教育（群众教育）和学校教育等方面，贯彻"社会教育重于学校教育""成人教育重于儿童教育""干部教育重于群众教育"的教育方针，抗日根据地的教育事业蓬勃发展。同时，根据地的新闻出版事业也不断发展，先后创办《时事简讯》《战斗报》《新浙东报》等报刊。为搞好革命书籍和报刊的发行工作，专门成立浙东书局，并在梁弄设立书店门市部，后更名"浙东韬奋书店"。根据地还先后成立政治工作队、浙东社会教育工作队等文艺团体，形成有自己特色的浙东新文艺运动。

（四）农工青妇组织

浙东区党委成立后，把发动农民，建立农会，作为群众工作的首要任务，县、区、乡、保各级农会组织纷纷建立，在三北和四明地区共建立4个县农会和16个区农会。1945年5月1日，召开浙东解放区公营工厂总工会成立大会，会上通过成立"浙东解放区总工会"的提案。浙东根据地妇女组织从姐妹会、姑嫂会开始，逐步建立区、乡妇女会。1945年5月和8月，浙东青年联合会筹备会和浙东妇女联合会筹备委员会先后成立，决定于10月召开浙东青联成立大会和浙东妇女代表大会，后因北撤均未成立。

六、浙东抗日根据地旧址群

"'麻雀虽小，五脏俱全'，财经工作、文教工作、兵工生产等都做出了一定成绩。"浙东区党委书记谭启龙曾经这么说过。

在横坎头村，中共浙东区委旧址与周围的浙东抗日军政干校、浙东银行、《新浙东报》社、浙东行政公署以及谭启龙同志旧居、何克希将军纪念室、新四军浙东纵队军史陈列馆等革命旧址构成了一个以区党委旧址为核心的，包括浙东抗日根据地党、政、军、金融、新闻各方面的浙东革命史迹网，完整地展现了中国共产党领导下的浙东革命根据地在政治、军事、文化及政权建设等方面的历史印迹。

浙东抗日根据地旧址

1992年3月，旧址群由宁波市人民政府公布为宁波首批中小学德育教育基地。1995年3月，由浙江省人民政府公布为浙江省首批爱国主义教育基地。

2003年1月29日，时任浙江省委书记的习近平，视察中共浙东区委旧址，当时，那里是仅有一个主展厅的纪念馆。

从2004年起，余姚市、梁弄镇两级先后投入资金对浙东抗日根据地旧址群进行了保护性修缮。通过拆迁，对旧址周边环境做了改造提升，同时，还修缮红色旧址，新建游客中心，建设配套设施，开展红色主题教育，红色旅游产业进一步壮大。

2005年被列为"中国红色旅游十大景区"之一。

2006年，被国务院列为全国重点文物保护单位。

2007年，被列为浙江省党员干部培训基地。

浙东抗日根据地旧址展厅

横坎头村革命旧址群展出抗日战争时期浙东抗日根据地有关党的建设、武装斗争、政权建设、统一战线等内容，还收集了当年的革命文物、革命史料及具有浙东古山村特色的民间家居、农用工具、土特产500余件，并采用图文影像、文物展示、多媒体演示等先进陈列形式，集中展现与革命遗址密切相关的革命事迹，生动形象地反映了浙东革命斗争的历史，诠

释着中国共产党领导人民抗击"日伪顽"的烽火岁月，成为环境优美、内容丰富、特色鲜明的爱国主义教育基地。

浙东区党委旧址位于横坎头村下新屋一座清代木结构的民居里，由黄嘉禾先生于光绪年间建造，为三合院。正楼七间，两侧侧楼四间，中间为庭院。1943年8月至1945年9月，为浙东区党委驻地。1981年，在旧址基础上建立了四明山革命纪念馆，并于1992年更名为浙东革命根据地纪念馆。

中共浙东区委旧址

旧址门口的大理石石碑上，镌刻着国防部原部长张爱萍将军手书的"中国共产党浙东区委员会旧址"金色行草大字。门牌上"浙东革命根据地纪念馆"由曾担任国务委员、公安部长、浙江省委书记的王芳同志题写。旧址内共展出抗日战争时期浙东抗日根据地有关党的建设、武装斗争、政权建设、统一战线等内容，共陈列历史照片图表300余幅，各类革命文物100余件。

为纪念抗日战争胜利70周年，余姚市委、市政府在梁弄镇横坎头浙东区党委旧址西侧新建"新四军浙东游击纵队军史陈列馆"，该馆于2015年12月31日正式开放。馆内有战斗历程、图照、先辈、先烈照片、视频影像和雕塑等，主要展出浦东抗日武装南渡杭州湾、三北游击司令部成立、新四军浙东游击纵队成立、迎接大发展、反攻作战与北撤、地方武装与民兵建设等六个单元，详细介绍了新四军浙东游击纵队从无到有，不断发展壮大，直至光荣北撤的伟大历程。

新四军浙东游击纵队军史陈列馆

浙东行政公署旧址

浙东行政公署旧址位于横坎头村上新屋。由黄嘉蕙先生于清光绪年间建造，占地2600余平方米，是全国革命遗址中保护比较完整的建筑物。上新屋共分为四进，第一进四厢二层楼房，底层正房九间，坐北朝南，后有堂相连；东西两侧厢房分前后二进，前厢房各三间，后厢房各七间，中为穿堂各一间，前后厢房由走廊连接，形成天井，利于采光。正房与两侧前厢围合成一个面积300平方米的天井，是富有浙江特色的"七间两搭厢"的三合院。上新屋拥有东西墙门各三个，均于东西向，谓之"六通"，另有南北墙门各二个，共计墙门十个，合称"六通十墙门"。上新屋的正、厢房均为两层，现存楼梯八部，分别位于正房和各前后厢房，且正房在二楼与东西两侧的前厢房由走马廊连成一体。如此庞大的二层三合天井院落是比较罕见的。

浙东行政公署旧址全貌

1945年1月，根据中共中央指示及浙东敌后各界临时代表大会精神，浙东行政公署成立，它是当时浙东抗日根据地的最高行政机关。2006年辟为"浙东行政公署纪念馆"。旧址门口悬挂"全国重点文物保护单位""全国百个红色旅游经典景区"两块牌匾。馆内展出了"部队办事处、军民联合办事处""浙东敌后临时行政委员会""浙东行政委员会（浙东行政公署）""抗日根据地各项建设工作"四个单元的内容。

浙东抗日军政干校旧址

浙东抗日军政干校也在这座大院里。毛泽东曾在《论政策》中指出："每个根据地都应尽可能地开办大规模的干部学校，越大越多越好"。浙东区党委十分重视党军政干部的培养教育工作。1941年5至9月，浦东部队到三北后，创办了教导队，蓝碧轩任队长。1943年2月，建办教导大队，蔡群帆任大队长兼政委、唐炎任大队副，蔡群帆调会稽金萧支队后，唐炎任大队长。学员是部队连级干部和基层政工干部、爱国抗日青年。

为适应形势需要，动员和吸收广大知识青年参加抗战，1944年10月，区党委和司令部决定在教导大队基础上建办"浙东抗日军政干部学校"。校长由司令员何克希兼任，唐炎任教育长，张浪任政委。军政干校于1945年元旦开学，以"延安抗大"为模式，以"团结、紧张、严肃、活泼"为校风。基本课程有政治常识、社会发展史、军事训练、政策纪律等。谭启龙、何克希、张文碧、刘亨云和黄源、楼适夷等领导经常到校讲课。军政干校共办2期，至9月底北撤结束。教导大队和军政干校共培养了744名干部，他们在部队和地方都发挥了骨干作用，为浙东抗日武装和根据地建设做出了很大贡献。

浙东抗日军政干校室内陈设

浙东抗日军政干校旧址保存非常完整。旧址陈列内容分为军政干校史迹陈列和原状陈列。史迹陈列内容除了史迹简介，另有影视复原和美术作品，包括雕塑两组；原状陈列面积约为1000平方米，陈列内容有干校队部办公室、教务处、军训处、总务处、食堂灶间和教室，除了家具，另有训练武器等文物若干，生动地再现了该校学员的学习、生活场景。

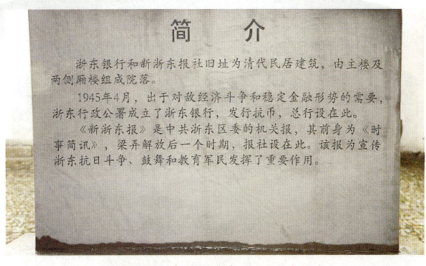

浙东银行和《新浙东报》社旧址简介石碑

为粉碎敌人的封锁和掠夺，加强对敌经济斗争，发展根据地工商业，稳定金融，平抑物价，以奠定根据地经济基础，依据浙东各界临时代表大会的决议，报经中共中央华中局同意，1945年4月1日，浙东行政公署公布《浙东行政区抗币条例》和《浙东银行条例》，决定设立浙东银行，总行设于横坎头村。资本总额为抗币200万元，相当于食米100万公斤的价值。

浙东银行发行的抗币，作为浙东行政区的本位货币，以圆为单位，分壹圆币、伍圆币、拾圆币3种，用上海道林纸印刷，总发行量为317万元。

浙东银行总行下设四明分行、三北分行和鄞县（今鄞州区）、余姚、上虞、南山4个支行。4月13日，举行浙东银行开业仪式，主要工作是发行抗币、经营政府金库、兑换货币、办理浙东抗日根据地范围内的各种生产贷款等。

此外，浙东银行还承担着浙东行政公署交办的春荒赈粮、工商业拨款等其他事项。

浙东银行史迹陈列馆

浙东银行的成立和抗币的发行，在加强浙东根据地对敌经济斗争中发挥了重要作用。首先，抗币的发行，有力地打击了伪币流通，开辟了新的金融战线，培养和造就了一支金融力量；其次，每元币值始终维持在接近食米1市斤的价值，稳定了金融市场，平抑了物价，受到群众的欢迎，树立了党在群众中的崇高威信；第三，维持和保证了部队和行政人员的经费需求。同时，对稳定经济、促进生产等诸方面，也都有着重要的意义和作用。

　　1945年9月下旬，新四军浙东游击纵队奉命北撤，浙东银行完成了历史使命，宣告停业，并对抗币进行了回收兑换。为了保证浙东抗币不贬值，浙东区党委决定把所有留存的公粮，由粮站、粮店和部分商店抛售，收回抗币，并将收回的抗币和库存的抗币及时烧毁，保证群众不受损失或少受损失。对于部分流散在民间、一时来不及兑现的抗币，在新中国成立后分几次由当时的人民银行收兑，直到1959年全部收兑完毕。

浙东抗日根据地发行的抗币

　　1942年，中共浙东区委成立后，十分重视宣传工作。鉴于当时宁绍一带没有一份宣传抗战的报刊，区党委决定组织人员创办一种油印报纸，定名为《时事简讯》。该报主要以收集延安新华社和重庆中央社的电讯稿，主要报道与抗战有关的新闻。1943年，对原《时事简讯》进行改版，创办《新浙东报》，成为浙东区委机关报。

浙东区党委成立了以谭启龙、何克希、张文碧、顾德欢、江岚为成员的党报委员会，并由顾德欢任社长，于岩为副社长兼总编辑。《新浙东报》第一版刊登新华社重要电讯和中共中央重要指示，报道浙东抗日根据地的政治、军事、经济、文化等方面的要闻，并经常发表浙东抗日根据地领导机关的指令；第二、三版为国际国内新闻；第四版为科学文化版。后增出"新时期"专页，并设不定期的"和平""浙东妇女"专刊。1945年10月，部队北撤，《新浙东报》出版231期后，于1945年10月1日停刊。发表"忍痛告别浙东父老兄弟姐妹书"。

《新浙东报》社旧址陈列馆开馆仪式

《新浙东报》社旧址与浙东银行旧址同在一个墙门内。朝西墙门，由黄嘉树先生于清光绪年间建造，为三合院，1945年4月至1945年9月，在正屋楼房开设浙东银行。是年，新浙东报社迁入西厢房。2011年，修缮布展，向游客开放。

谭启龙同志旧居

谭启龙同志是创建浙东抗日根据地的主要领导者。皖南事变后，谭启龙同志按照党中央的部署，率部来到浙东建立抗日民主政权，曾任浙东区党委书记兼新四军浙东游击纵队政委。谭启龙同志在浙东抗日期间，在横坎头居住、办公和生活。

谭启龙同志旧居位于浙东区党委旧址后侧，为一栋二楼三间的木结构小楼，一楼为厨房和办公室，二楼为生活起居室。内有谭启龙同志图照百余幅，是进行红色旅游、开展爱国主义教育的一处重要场所，"谭启龙同志旧居"门额，由浙江省委原书记薛驹同志题写。2013年4月26日，位于横坎头村的谭启龙同志旧居举行开馆仪式。

何克希将军是浙东抗日根据地的创建人之一，担任过中共浙东区委委员、新四军浙东游击纵队司令员、新四军浙东抗日军政干部学校校长等。

何克希将军纪念室

　　2015年，在纪念抗日战争胜利70周年之际，为缅怀何克希同志，余姚市委、市政府在横坎头浙东游击纵队军史陈列馆后侧新建了"何克希将军纪念室"。纪念室中间摆放了何克希将军的铜像。两侧有何克希将军参战的图片及文物，并复原了起居室、办公室等场景。2015年12月，整修完毕的何克希将军纪念室正式对外开放，通过文字、照片等珍贵史料展示了何克希将军光辉的一生。

横坎头反击战遗址之红岗劲松

横坎头反击战遗址。鞍山岭为横坎头屏障,1943年12月,顽敌挺四、挺五联合进攻横坎头,浙东游击纵队在这里坚决抗击,取得反击战胜利。此处青松挺立,被称作红岗劲松,是四明山人民抗战精神的象征。

巍巍四明,孕育了红色的种子;青山绿水,阅尽了沧海桑田。红色基因,一直深植在这片土地的血脉中。新时代的乡村振兴,会传承着这份红色基因再出发!

浙东抗日根据地旧址全貌

思念横坎头的父老乡亲

在四明山的羊额岭下，有一个不到百户人家的小山村，它叫横坎头。当时，我还是个不满20岁的青年，曾在那里的浙东行署工作。在该村住过一段不长的时间，那些热心的山民群众，至今在我心中留下难忘的印象。

当年，根据地内的生活是清苦的，我们吃的基本上同当地村民一样，平时荤菜很少，每逢吃肉，大家都很高兴，穿的是粗布和横坎头妇女做的老布鞋，睡的是稻草铺，点的是蜡烛或菜油灯。为了减轻群众负担，我们常到粮站去背自己吃的粮食。到基层或农村工作时，吃了老百姓的饭按规定付饭票（这种饭票在根据地通用，可在粮站兑换一斤大米），从未发生白吃白拿的情况。我们的物质生活虽然贫乏，但精神很愉快，唱革命歌曲，开军民庆祝联欢大会，观看纵队政治部、政工队等演出的文艺节目。广场上军民聚在一起，人山人海，锣鼓声、吹拉弹唱声、欢笑声响成一片，使宁静的山村夜晚变得热闹非凡。

横坎头村不仅山水美，而且横坎头人的心灵更美。有几件事使我至今不忘。

一次，行署在横坎头召开浙东根据地各地、县负责干部会议，领导派我去做会议服务工作。为解决与会者的住宿问题，要设一个临时招待所，因我没办过此事，感到很难，后听了老同志指教，去找当地农会会长商量，要求他帮助借房子、借门板、借桌椅板凳。这位朴实的老农热情答应帮助，当晚他就召集村民开会商议。第二天，就有许多村民把几十块门板和几十条长凳从自己家里搬来，送到已腾出的民房楼上，帮助我们搭好床位，使远道而来的开会干部有硬板床睡，解决了一大难题。

还有一次，我军为了消灭国民党第四挺进队田岫山部，向上虞城和许岙敌据点发动强攻，部队伤亡较大，有一批伤员急需后运。该村一经动员，村民们立即放下手中农活，组成有40副担架、100多名青壮年参加的担架队，在日落前整队出发，当夜赶到前线，把伤员安全运到后方。

又有一次，国民党反动派为了救援行将被歼灭的田岫山部，并企图夺取已被我解放的地方，调集三十三师、"浙保"等部向我大举进犯。为了防止敌人袭击我后方机关，留守部队要在横坎头四周山头修筑工事，该村群众得知后，与邻村章家岙、后孙、大岭下等村联合起来立即动员，拿出20多万块砖头，一万多株毛竹，100多立方的木材等物资，帮助部队修成1000多米战壕和4座碉堡进行反击战，为保卫和扩大根据地做出很大贡献。这种无私奉献精神和拥军事例，使我深受感动。

不久，抗日战争胜利，新四军浙东纵队及党政机关奉命北撤，我们忍痛离开了浙东，离开了横坎头村，离开了那里的群众。这一别就是40多年了，但我从未忘记当年在四明山和横坎头的那些日子，经常思念那里曾与我们同甘苦、共患难的父老乡亲们，渴望着有一天能回四明山和横坎头去，看看那里的变化，看看久别的父老乡亲。

（新四军老战士张苏）

半山姆嬷黄菊春

　　菊春大妈的丈夫俞国瑛是上海染织厂的地下党员，1937 年到宁波采办物资，不幸被反动派逮捕，惨遭杀害，她早年与两个女儿一起，相依为命过着山村艰苦的生活。

　　部队北撤后，留下来在四明山坚持地下工作的同志经常到她家住宿、吃饭。一次半山姆嬷被国民党抓去，要她交代三五支队情况，菊春大妈说："三五支队、三六支队我都不知道，到我家来的都是好人，做人很规矩。他们到我家来都是客人，我总要好好招待，这是做人的道理……"。后来半山保长讲了很多好话，作了证明才被释放。

　　1947 年的一个冬天的雨夜，住在半山腰的菊春大妈的后门突然被轻轻地叩了三下，接着，又轻轻地敲了三下，原来是留下坚持游击斗争的同志在雨夜里要求避避雨。大妈一听说自己的革命同志，连忙请他们进来，叫两个女儿起床烧水做饭，当时一共有 47 人，一个中队，大妈在屋内还打地铺叫同志们好好休息。半山姆嬷与两个女儿则一夜未睡，给战士们站岗放哨。

　　后来，坚持四明山工作的领导朱之光、陈布衣、葛布等都经常来到半山姆嬷家，有的同志还给她的女儿教唱革命歌曲，如五更调、杨柳青调、马灯调等。半山姆嬷与游击队员们同吃一锅饭，同住一间屋，经常给战士们洗衣服，晒棉被，把自己种的大米、番薯、六谷、芋艿送到队伍里。

　　同志们都亲切地叫她"半山姆嬷"。

第四章

精准科学规划
——优化生产生活生态
空间布局

习近平同志在浙江工作时曾指出，科学规划是建设社会主义新农村的基础，特别是规划还决定着农村新社区发展的方向和建设的水准。建设应该讲成本，规划必须高要求。规划设计要由有资质的单位来做，各类规划不能降低水平、降格以求，更不能胡乱规划、草率规划。新农村建设的具体规划，要按照统筹城乡发展的思路，对推进新型城市化和建设新农村进行统筹安排，对城市发展建设规划和新农村建设规划进行统筹考虑，特别是要充分体现出农村社区的区域特点、文化特征，形成特色、注重品位、突出魅力。从大的方面来说，建设新农村要注意发达地区与欠发达地区不一样，山区、平原、丘陵、沿海、岛屿不一样，城郊型与纯农业村庄也不一样。从小的方面来说，也要注意围绕特色做文章，杜绝盲目攀比，反对贪大求洋，防止照搬照抄，避免千村一面，从而让更多的村庄成为充满生机活力和特色魅力的富丽村庄，充分体现浙江新农村建设走在前列的水平，体现江南鱼米之乡、山水浙江的风采特色，体现丰厚传统民俗文化与现代文明有机融合的农村新社区水准，走出一条各具特色的整治美村、富民强村的路子。

横坎头村是浙江省历史文化名村，也是浙江省"千村示范、万村整治"工程中的省级示范村。为进一步加强科学整治和规划，建设宜居宜业新家园，横坎头村认真贯彻落实习近平总书记在浙江工作时的指示精神，广泛延请各地专家，精准制定科学发展规划。在规划制定过程中，横坎头村充分发挥红色资源优势、区位资源优势和政策扶持优势，以原生山水为依托，重视维护地形地貌，自然生态环境得到保护，红色历史文化得以传承，村庄格局也实现了区块合理分布。

规划定位

**山水格局，绿野寻踪；
浅街深院，宜居宜商；
雅居美庐，悠然自得；
江南底蕴，休闲胜地。**

整体形成[风雅/宁静/朴素]的建筑风貌，以传统简朴民居为风格基底，延续多样性、新旧融合的景观风貌特色。

收藏儒雅，启人文奢华；感受风雅，觅质朴时尚。

横坎头村规划风貌

一、保护绿色生态环境

（1）确定村庄建设用地范围、建设用地至山脚线范围和观景制高点连线三条绿色界限，对不同界限内用地，提出不同规划要求。确保建设用地集中节约、保护基本农田、保护山体植被和生态多样化。

利用水系、绿地、道路等包围、浸透、分割、楔入的格局，将人工建设与周边山麓自然景观相融合，绿色浸透村庄内外。

（2）维护和强化整体山水格局的连续性，引导居住建设的近山性和亲水性，促成人与自然的共融。

村庄布局结合地形，采用不规则形式。追求野趣横生、"阡陌稻花飞舞燕，纵横沟渠放歌蛙"的自然风格，村庄与山水交融。

（3）大力发展高效农业、观光农业、生态农业，走红色革命圣地与绿色生态相结合的发展道路。

村域气候温和湿润，水利资源丰富，土地肥沃，适合多种农作物生长。以农村的自然环境资源、田园景观、生产内容和乡土文化为基础，通过合理规划布局，为人们提供观光、旅游、休养、体验农业生产过程与农村生活方式的场所，充分突出横坎头村作为旅游村特有的景色，使"红色革命"与"绿色农业"得到有机结合。

横坎头村产业结构规划图

（4）严格保护自然河道和水域界限。采用自然景观设计手法，在满足防洪要求下，保留水系弯曲灵动的自然形态。弯曲的水流更有利于生物多样性的保护，有利于消减洪水的灾害性和突发，为各种生物创造适宜的生态环境，尽显自然形态之美。

规划不改变现有河、沟、渠、井系统，严禁倾盖、改造、堵堆、缩小过水断面，占用或围入私人院内。严禁向河道排放污水和倾倒垃圾，尽快建设排污管道，在河道的一定地段（如桥下等）设置网状遮挡物，及时清除漂浮杂物。

定期疏清河道，整治驳岸、护坡，拆除遮挡和覆盖主河道的建筑，河道两侧空地种植柳树，改善沿河绿化，增强景观质量。

横坎头紫溪村景观貌规划效果图

（5）种植乡土树种。对文保单位和文保点，建设好周边绿化带，多植多季相花树。尽量配植与景观有特殊联系的、易产生联想的花灌木树丛，但不能影响游人观景的视线。

加强对杨梅、桃、梨等果树和竹林的林相改造，使其高低错落形成优美、舒适、整洁的环境。有计划地进行绿化造林，美化环境，在宅旁、路旁、水旁、村旁植树。鼓励村民房前屋后营造庭院绿化。

对村庄内的道路，进行高标准绿化。联络各景点的主干道，在道路两侧或一侧培植自然式风景林，在道路转弯处，配植高低错落的树丛，与道路形成对景。在道路两侧或一侧有景可赏之处，留出视线。无林地带，在路的一侧或两侧配植花灌木树丛，使游人在沿途就能领略到自然风光。

（6）保护地表植被，杜绝滥砍滥伐，封山育林，改善镇域内自然生态环境，切实保护好自然资源及自然环境和生态系统平衡，保护横坎头村襟山带河、山清水秀的地貌和自然景观。

（7）加强植被资源的管护，大力营造森林防护林带，积极开展森林病虫害防治工作，建立森林消防系统，预防和杜绝森林生物和人为灾害。

（8）对富有景观价值的古树名木进行调查、登记、造册、建档，统一编号、挂牌，制定专项保护措施。

（9）确保清溪长流，对大溪两侧进行大面积绿化造林，控制上游区域水土流失。

（10）有效控制山上迎面坡采石，做好采后还绿工作，切实减少采石对旅游资源的破坏。

（11）充分结合自然地形，宜高则高、宜低则低、宜弯则弯，满足交通和消防等功能，达到"通而不畅"的目的。步行系统和景观道路多用卵石、块石等乡土材料，既节省资金，又有利于保持质朴自然的乡村风貌。建立和保护多样化的乡土生态环境系统。

村庄现状内部道路未成体系，部分道路存在"尽端路"的现象。公共停车场等服务设施较少，现有主要集中在前村，服务半径偏小。

本次规划各级通村道路结合居住、商业、滨水、行政等步行游线以及其他交通性干道，形成复合功能式的村域游览交通体系。

横坎头村庄的旅游规划人口参照《四明山旅游规划》，预测村庄日均接待游客为2500人/日，旺季游客接待量为5000人/日，根据此人口数量结合《风景名胜区规划规范》，确定总的停车场面积为9000㎡，其中永久性停车场面积为6000㎡，临时性停车场面积为3000㎡。

横坎头村交通规划图

（12）村落的传统形态由参差斑驳的青石板铺砌街巷，木结构及石质民居组成。街巷的转折起伏依自然地形而变化。屋基由表面粗糙的石块砌筑，错落有致。

宜人的街巷尺度。内部道路宽度变化在2.0–3.5米左右，两边的檐口高度（一层）通常为2.5–3.0米左右，宽高比小于1。普通的民宅院掩映在数株花木下。建筑色彩多为木本色，或者保持白墙黛瓦的形式。营造绿色村庄、活力村庄和田园诗话般宁静与清新的村庄形象。

（13）新区建筑的布局，以自然形态为主。建筑单体参照《浙江省现代化新农村住宅方案精选》，根据横坎头村实际情况加以选择。

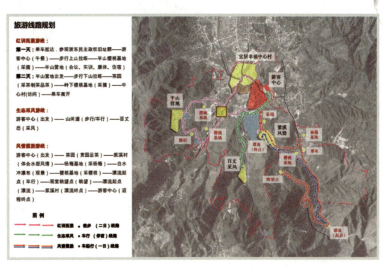

横坎头村旅游线路规划图

二、传承红色历史文化

（1）大力发展爱国主义教育基地，使革命老区重新焕发青春光彩。余姚市的革命旧址主要集中在梁弄镇和横坎头村，自梁弄镇区至横坎头村的5华里范围内，集中了革命旧址10余处。这里气候宜人、山川秀美，有望形成旅游业的新亮点。可以规划形成"红色"大旗下的革命教育专题旅游和休闲旅游区，推出革命圣地一日游，开发甬绍杭温沪等客源市场。

在编制村庄规划时，切实保护好古村落、古建筑、特色民居和历史文化遗迹等宝贵的历史文化遗产，使传统文明与现代文明达到完美的结合。

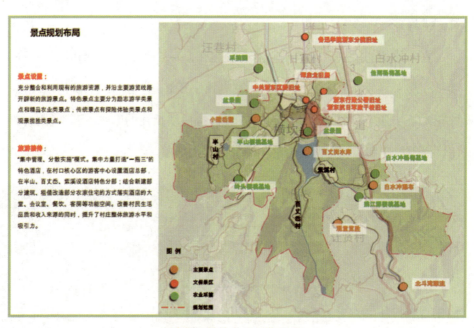

横坎头村景点规划布局图

横坎头老村在《梁弄、横坎头历史文化保护区规划》中确定为梁弄镇的第二处历史地段。历史地段的保护，绝不仅仅是保存古老房屋的问题，而应包含保存、更新、延续三个不可分割的部分：

一是保存。其中，历史遗存要素中的历史建筑，应包括能起到"历史界标"作用的古代、近代和现代有代表性的建筑，不能只看风貌是否谐调，而不顾历史是否真实。

二是更新。要更新旧建筑，既包括改造旧建筑内部，使之适应现代生活的要求，也包括拆除危险简陋房屋，或建造新房，或改为道路、绿地；另一方面就是改造、完善道路与市政设施。

三是延续。更新应该是有条件的更新，这个条件就是在更新中延续原有的风貌特征。

（2）将红色革命圣地的历史文脉，作为一条主线，贯穿始终。强化村庄艺术景观，结合绿化广场、景观节点和视线走廊，共同塑造历史文化名村形象，坚持生态、休闲、景观各项功能统一的原则。

横坎头村接待服务布局图

（3）根据建设部关于城市"紫线"划定的相关要求，划定紫线范围，制定控制要求。按照《浙江省历史文化名城保护规划编制要求》，划分历史文化名村的保护层次，确定相关的保护措施。

（4）规划要求维修文物建筑，整治院落，改善市政设施和居民生活条件。控制现有规模，严格保护历史沿革和村落景观，加强对村庄内具有历史文化价值的建筑保护，协调文保单位风貌特色。

整理原有的结构模式，补偿物质缺损、整旧如旧。调整人口分布，以达到改善环境、改善生活质量的目的。

（5）横坎头村规划确定街巷均以商业步行街为主，必要时微型急救车、消防车能进入街区。原有街巷年久失修的应予以修整，路面仍以条石或卵石铺砌。沿街建筑应以维护和加固为主，不得随意拆除或重建，以保护原有的丰富的景观轮廓线，保持主要道路节点的空间尺度和外围环境。

强化近人尺度的庭院绿化，种植单株植物和果树形成视线吸引点。提高村民的生态意识，提倡居民对庭院进行自赏布置，为老屋旧街增添绿色

横坎头村规划定位图

在《余姚市梁弄镇总体规划（2012-2030）》镇区功能分区中，横坎头村在梁弄镇属于**古镇历史文化保护区**。

处于对基地现状和都市旅游休闲需求的考虑，横坎头村的发展定位应该是：

一处**生态型**、有深厚红色**文化底蕴**和绿色田园风情的、**多种风貌体验**相互融合的余姚近郊山地村落的精品典范

通过规划，对村落**物质空间形态**实施恢复，整理和改造，挖掘**文化信息**，回归**历史风貌**，使之与村落**传统**人文脉络发生内在的联系；改造后的村落在**承载现代旅游服务功能**的同时与**传统村落生产生活**氛围融为一体，营造与之相适应的**主题性景观空间环境**，并为以后**不同业态的发展**预留一定的弹性空间。

◆ 红色旅游
◆ 幸福乡村
◆ 生态休闲　　　红色文化
◆ 有机农业
◆ 艺术村落　　　绿色田园　→　精品示范村
◆ 精品酒店
◆ 风情体验　　　特色风情
◆ 康体养生

084

生机。

对于树龄在五十年以上的树种均有条件成为保护树种。规划控制在单株或群株周围10米范围内，除游览小亭台和现有民居外，不得建设其他建筑或设施，严禁破坏古树周围的土路地面。

（6）新建建筑的选型、风格、色彩、高度与重点保护区严格保持协调。结合不协调建筑的拆除，增设部分疏散通道、疏散广场，加强绿化，改善景观。配套基础设施，提升生活质量。以规划的小康村标准控制一切建设活动。

（7）从村庄规划结构上确保红色与绿色的和谐发展。总体布局结构为：一河、两岸、三心、三区。

一河：为大溪，贯穿整个村庄。

两岸：水体自然分隔了老村和新建区，形成大面积滨河绿带，是规划区重要景观轴带。

三心：分别是一个村庄绿心和两个商业中心。绿心横跨大溪两侧，形成连接老村和新建区的生态景观焦点区。两个商业中心分别位于老村和新建区的中心。

三区：三区是在历史文化名村保护中，提出不同保护要求的三个区域，也是村庄的三个功能区。区委路以东，是老横坎头村范围，为历史文化保护区的重点保护区，主要功能为红色旅游观光和休闲娱乐；让贤路以东、区委路以西，为历史文化保护区的建设控制区，布置公共绿地及生态农业种植基地，形成生态景观区；让贤路以西是历史文化保护区的风貌协调区，安置下山移民，是未来横坎头村的主要发展用地。

以上要素共同组成横坎头村山水交融的自然形态。

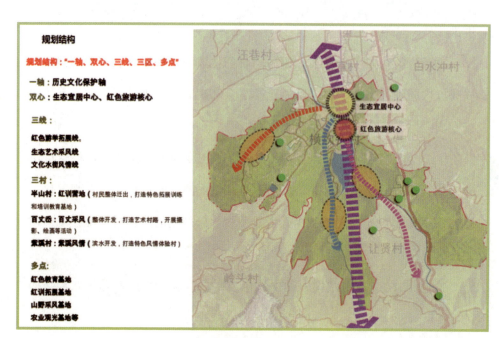

横坎头村规划结构图

三、建设小康示范农村

横坎头村小康建设要做到"一枝先秀"，就是在原有基础上，建好或恢复好一个院落，建好一条有特色的街，都可以成为本村一景，并确有实惠于村民。所谓"一枝先秀"，也有区别于其他村庄之意，这就是以本地特色取胜。所谓"一枝先秀"，不是到此为止，不是一枝独秀，而是在统一规划的指导下，积小胜为大胜。

（1）聚村庄商业、服务、文化、娱乐等设施，强化横坎头大型中心村的功能，以集聚激发活力。

（2）确定新建农居和整治、改造农居建筑方案，以亲切宜人的小体量为主。新建居住区应充分考虑地方传统居住文化的延续，保留民居的古朴风韵。平面组合为两户联建的联立式，根据3种不同面积要求，设计了大、中、小三种户型，各户型能灵活组合，既可独立成章，同种户型多个拼接；又可不同户型互相拼接，得到富有变化韵律的连续的空间效果。村庄不同于城市，其建筑形态应具有乡土之特色。

第一，注意营造周围农村大环境的自然之美。

第二，注意发挥河湖桥之利，以河为景，以湖为景，以桥为景，以芦苇为景……以一切可以利用的自然风光为景，构筑和加强建筑形态之美。

第三，在布局街道设计各类建筑时，多一点农村色彩和传统风格，明清街、石板路、马头墙、木格窗茶酒楼等本地特有的民俗建筑。

第四，在构思村标、绿化环境时，应特别注意有本土特色，以促进村民的爱乡观念，并为外来客人留下深刻的印象。

横坎头村农居的选型，根据江南的气候特点和现代生活的新需求，平面布置力求新颖别致，并与一般住宅设计有所区别。

住宅平面布局清晰，动静分区明确，通风采光良好，底层入口设玄关，餐厅、客厅空间连续，给人敞亮的感觉。厨房、厕所整体设计，完全自然采光，并结合居民的生活习惯适当增大面积，为便于集中安置各类设备管道，提高清洁度，设计有管道井。

考虑到小汽车拥有量的户主在最近几年内会不断增多，因此，每户都设计了车库。

二楼为睡眠、学习等安静空间区，空间布局紧凑，公共交通面积小，主卧室自带卫生间、步入式衣橱，能满足不断富裕起来的人们的新居住观念，扩大阳台面积，增加户外活动场所，利用阁楼空间形成良好的保温隔热区。

立面设计充分吸收了当地传统建筑的符号和材料之精华，外墙装饰以涂料为主，底层取当地特色石材贴面，巧妙运用单坡、歇山坡、双坡等不同的坡面组合形式，营造清晰、自然、宁静、具有乡土气息的意境，立面造型凹凸有致，简洁大方，符合当地居民的审美情趣。

建筑风格及色彩从总体上考虑，大量片区以浅色建筑为主，造成明亮的视线效果。重点处可适当增加暖色效果，使其色彩效果精致而丰富。

（3）建立比较完善的地埋式污水收集管网系统，做到雨污分流。积极推广应用沼气净化和生化处理等实用新技术，减轻环境污染。

按照《浙江省村镇建设现代化示范村建设指标体系和评分标准（试行）》的要求，改善村庄给水、排水、电力电信、道路交通等基础设施条件。改善农居室内的厨房卫生设施，给排水等基础设施，适应现代生活要求。电力、电信改造采用地埋方式，在满足防洪要求的基础上，加强河道景观的美化。

村落住宅情况分析

老横坎头前村使用情况良好，后村局部节点住房条件较差；牛轭丘村南面建筑组团较为杂乱；紫溪村部分建筑很有当地民居特色；百丈岙村和半山村多为联排或独立式住宅；大岭下村入口景观丰富。

（4）改善农村燃料结构，大力推广太阳能、沼气等清洁能源应用，改善农村生态环境。

房屋设计建设时，预留好太阳能热水器的安装位置和管道进出口，方便日后安装。

结合垃圾、粪便、秸秆等有机废弃物的生化处理，因地制宜地建设分散式或相对集中式的沼气池，变废为宝，综合利用，切实保护农村生态环境。

第五章

实现产业兴旺
——依托红色资源发展
绿色经济

习近平同志在浙江工作时，曾在《浙江日报》撰文指出，农业、农村和农民问题是一个有机整体，解决"三农"问题必须立足于农业这个基础、农村这个主战场、农民这个核心，促进农业农村的发展。要抓住发展不放松，围绕发展做文章，加快发展见成效。一定要立足于基本实现全面小康的大局，认清经济社会发展的内在规律和农业农村发展的必然要求，把以发展强村作为新农村建设的第一要务，用现代发展理念指导农业，抓住当前科技进步、产业重组、生产要素转移加快的机遇，建立现代生产要素流向农业、现代生产方式改造农业的有效机制，着力转变农业增长方式，促进农业与工业、农业与服务业的融合，不断提高农业的产业化、国际化、现代化水平。

横坎头村牢记习近平同志的谆谆教导，通过红色旅游资源开发、加快农业结构调整、特色农家乐培育，探索走出一条"红色+绿色+农家"的旅游农业经营发展致富道路。经过15年的发展，该村已经变为浙江省全面小康示范村，经济社会发展位于全国革命老区前列，走出一条革命老区全面奔小康的新路子。

一、提升基础设施，产业兴旺迎来新机遇

革命老区往往地处山区，无论在产业招商引资过程中，还是在产业发展过程中，都需要上级党委、政府的坚强领导和相关部门的鼎力支持。习近平同志到横坎头村调研后，宁波、余姚两级党委、政府出台了许多加快老区发展的政策，特别是对横坎头村的基础设施建设、红色旅游发展给予大力支持和全力资助，成为横坎头村跨越发展的重要支撑，也是革命老区

发展的坚强后盾。

首先是补齐老区发展短板。横坎头村经济落后的一个客观原因是交通不发达。从横坎头村到余姚市区，27公里的距离不算远。但是在15年前，翻越高地岭的盘山公路S213省道，是连通两地的唯一通道，单程需要近3个小时。2003年下半年，宁波市委、市政府为加快革命老区脱贫致富奔小康，投资3.5亿元建设了余梁公路。盘山公路变成了平原公路，两车道变成了四车道，横坎头村从此告别了翻山越岭的时代。从横坎头村到余姚市区，仅需30分钟。

由3小时缩短为30分钟，这不仅仅是时间距离的缩短，更是老区人民与党和政府之间心理距离的缩短！同时也是横坎头村产业兴旺距离的缩短！

为加快四明山革命老区发展，宁波市委、市政府又牵头规划了四明山高速公路，四明山高速的起点——杭甬高速夏巷互通在2018年年初实现通车，梁弄镇及横坎头村的区位优势显著增强。

宁波市、余姚市通过生态补偿机制、转移支付机制、中心镇奖励机制等途径，帮助梁弄镇及横坎头村建设民生实事工程，提升城乡基础设施水平。

据统计，2003年以来，宁波市、余姚市两级财政用于梁弄镇及横坎头村发展的资金超过10亿元。上级财政的重点倾斜，极大地提升了梁弄镇及横坎头村的基础设施建设水平。

基础设施提升之后，致富路怎么走？宁波市委、市政府专门成立了工作班子，进驻镇村搞基础调查，余姚市也出台了相应的扶持政策。

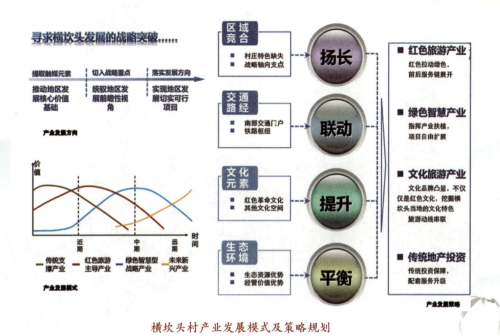

横坎头村产业发展模式及策略规划

二、发展特色农业，抓好传统产业提升

走在横坎头村的乡间小路上，目之所及，有不少樱桃树。因为樱桃树长在"红"村，也因为樱桃为村民带来了红红火火的日子，村民们喜欢将樱桃称为"红果"。横坎头村的村干部说，这条致富路还是习近平总书记为大家指引的。

革命老区全面奔小康，相对滞后的农业是短板。张志灿担任村书记后，按习近平同志"因地制宜，充分发挥当地优势"的要求，从村里的几株长势喜人的樱桃树上看到了商机。他到宁波市农科院请来专家实地考察，经过科学的数据对比，发现横坎头的气候和土壤很适合种植樱桃树，于是便动员村民一起种。可没有想到的是，任他磨破嘴皮，村民就是说啥也不敢种，都怕种不好折了本。

宁波市农科院专家在横坎头村指导樱桃种植

　　做给群众看，带着群众干，这是我们共产党人的光荣传统。张志灿和村干部们一商量，决定由村集体带头示范。

　　2003年，横坎头村集体流转了100多亩土地。在宁波市农科院的指导帮助下，横坎头村投资15万元，建起全镇第一个樱桃种植基地，种下一大批樱桃树苗。秋去春来，樱桃树开始挂果，引来了不少游客。经过几年培育，樱桃亩产值在万元以上。以前单纯种水稻，一年忙下来一亩地只有卖粮的几百元收入。

　　看到了种植樱桃树带来的明显经济效益，村民们也跃跃欲试，这正是村党组织希望看到的。于是，村里又将价值10万元的树苗免费发给村民，并请来浙江农林大学、宁波市农科院的专家进行指导。短短几年时间，横坎头村的1000多亩农田，有八成种上了樱桃树，好的樱桃园亩产效益达3万多元。

如今，横坎头家家种植的樱桃挂满了枝头，前来采摘的人络绎不绝，都市的人们徜徉在绿色中收获惬意，横坎头村民也在绿色增收中收获喜悦。

横坎头村还充分利用丰富山地资源，大力发展茶叶和杨梅产业基地，全村种植茶叶150亩、杨梅135亩、无公害蔬菜基地100亩，还有500亩花卉苗木特色产业基地，同时，对400亩桑葚、250亩板栗以及竹山老茶园进行升级改造，通过深加工、美化包装、新引入保鲜技术等措施，着力提高传统产业的

横坎头村民满怀喜悦地采摘杨梅

附加值，远销全国各地。横坎头效益农业的"星星之火"已然燎原，辐射周边。看到横坎头的采摘游红红火火，邻村村民汪国武也流转了数百亩土地，办起家庭农场，发展樱桃、猕猴桃、蓝莓等水果采摘游，还将农产品

加工成果酒。

2016年，经宁波市委、市政府牵线搭桥，中国人民解放军东海舰队开始定点帮扶横坎头村。2017年，东海舰队帮扶村民建成25亩樱桃以及10亩猕猴桃大棚种植基地，并引入喷滴管灌溉培育技术，促进了特色农业发展。定点帮扶两年来，东海舰队保障部物资供应处的特色产业帮扶联络员吴天玉等人经常穿梭在横坎头村的田间地头，向种植户们传授种植技术。

在东海舰队的帮扶下，横坎头村的大部分水果都住进了钢结构大棚。一亩钢棚成本18000元，两级补贴加上东海舰队结对帮扶承担了三分之二。从露天到竹棚，再到钢结构大棚，设施农业亩产翻了一番，实现了高产高效。

目前，横坎头村建成总面积达1000多亩的樱桃园、桑葚园，成了远近闻名的"百果园"，村民累计增收达2000余万元。

遵照习近平总书记回信中"让乡亲们的生活越来越红火"的嘱托，横坎头村党委下定决心，将大力推进"花果红乡"建设，努力将横坎头村打

游客在横坎头村的桑葚园采摘

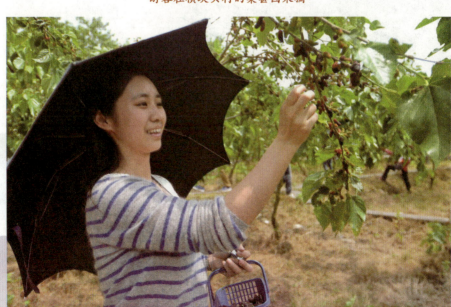

造成红色传统教育目的地、生态休闲旅游胜地和观光采摘体验首选地。

三、开发红色旅游资源，打造特色旅游村落

发展红色旅游是党中央的重大决策，也是各级党委、政府推进社会主义先进文化发展的重要内容。作为全国十九块抗日根据地和百个红色旅游景区之一，横坎头村具有得天独厚的旅游资源优势，红色旅游成了横坎头村发展的重要契机。

2003年开始，横坎头村对浙东（四明山）抗日根据地旧址群进行了保护性修缮，对旧址周边环境进行了改造提升，有效保护了红色历史古迹。

2005年开始，经过改造提升的一系列旧址相继对外开放。通过修缮红色旧址、新建游客中心、建设配套设施、开展红色主题教育，红色旅游产业进一步壮大，旧址群也先后被国家相关部门确定为全国重点文物保护单位、全国百个红色旅游经典景区、全国爱国主义教育基地、国家国防教育示范基地。

宁波市直机关干部在中共浙东区委旧址重温入党誓词

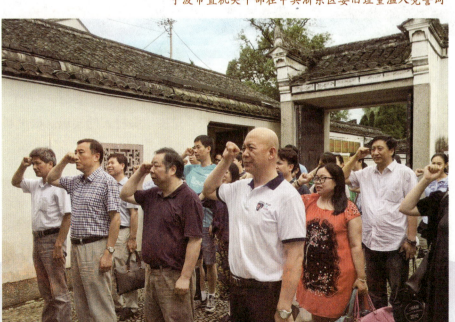

借助红色旅游人气，横坎头村加快道路、停车场、中转站、旅游服务中心等旅游基础设施建设，建成了浙东红色记忆展示中心、特色街区等旅游服务设施，仅2017年，就接待游客近64万人次。

余姚市小学生瞻仰红色旧址

让红色文化"活"起来，"近"起来，是横坎头村人的共识。村里利用旧址群等红色资源，创建了全市首个红色村史馆；组织开展形式多样的以"弘扬红村文化"为主题的村落文化艺术节。村里的"道德讲堂"，多次邀请梁弄"红色之光"宣讲团成员为村民做道德讲座。

近年来，旧址群与浙江省委党校四明山分校、浙江四明山干部学院、市中小学实践基地等教训机构顺利实现资源共享、互动共融，使旧址群成为全省最主要的红色教育基地之一。每年的清明时节及五一、七一期间，大批的瞻仰者纷至沓来，缅怀英烈的伟绩，开展思想教育和革命历史教育。浙东抗日根据地爱国主义教育基地，已经成为浙江省重要的爱国主义和革命传统教育场所。

游客在浙东区委旧址参观

　　横坎头村还通过充分利用浙江山水旅游节、四明山旅游节、余姚杨梅节、梁弄樱桃节等重要活动，大力推介"红色文化游、特色风情游、美丽生态游、悠闲农家游"，种类繁多的旅游推介活动，不仅给红村带来了更多的游客，也给村民带来了很多的就业机会。通过这些旅游景点的建设，扩大了"浙东红村"的影响力，真正把横坎头村的旅游资源优势转化为经济优势。

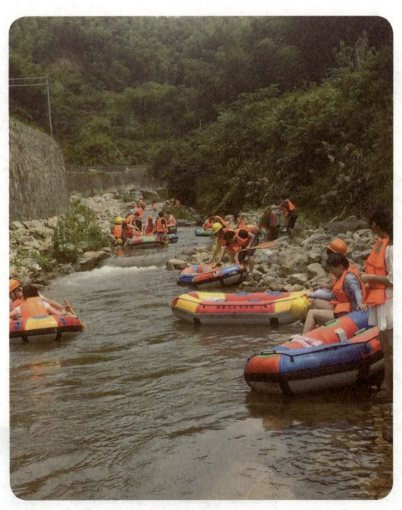

游客在横坎头村北斗湾漂流

四、把横坎头村打造成独特的风景区，实施乐业增收工程

2003年落脚横坎头村的樱桃，如今已经不再是单纯的种植业。"既卖产品，又卖风景。"横坎头村果乡园生态农场场主何达峰说。几年前，他放下工厂投身农业时，选择的就是农旅结合的路线。目前，梁弄已建成总面积1.5万余亩、辐射面积4万亩的宁波市特色小水果产业基地。桑葚、猕猴桃、杨梅、蓝莓等在横坎头等村遍地结果。每到采摘季节，通往山间的道路车水马龙，一片繁忙。

游客在横坎头村的桑葚园"亲子游"采摘

纷至沓来的游客，使横坎头村受到了外来资本的青睐。村庄内滨河的一处老房子，已经被改建为投资上千万元的"壹周·稻田里度假客栈"。"做出特色，吸引更多年轻人来到这里，提升老区活力。"项目负责人说。

现在，来自全国各地的团队来到横坎头参观。和以往不同，这些客人

不再仅仅是看看红色旅游资源旧址，也来到村里走走逛逛，大家都想看看总书记关心的革命老区的那些新变化、新气象。

"未来，横坎头村本身也应该成为红色旅游的景点。"张志灿说，他们已请浙江省规划院来制订更科学合理的乡村振兴规划，并谋划和浙江省委党校四明山分校进一步合作，丰富红色培训的形式和内容。

随着乡村旅游业的蓬勃发展，横坎头村大力实施乐业增收工程，完善就业创业服务体系，多渠道开辟农民增收新途径。通过"挖掘、包装、创新、提升"，扶持壮大土特产品开发，实现了从纯粹农副产品向旅游体验商品的转变。

"总书记想着我们，鼓励我们梁弄再发展！"已有32年党龄的老党员梅柏桥激动万分。作为梁弄大糕非遗项目传承人，他实实在在体会着红色旅游带来的红利，"来梁弄的游客多了，一天能卖100多盒大糕，我们一家收入比15年前增加了七八倍。"谈起收入，梅柏桥满脸都绽开了笑容。

游客越来越多，越来越多的村民从中看到了商机。46岁的村民万利君将自家小屋稍加装饰，便开起了临街小店，卖的是当地特产点心"梁弄大糕"；村口的"阿红早餐店"，老板娘何娟红看着进进出出的游客，心思活泛起来，思忖着办几桌农家菜，招待游客⋯⋯

2017年，横坎头村村民的人均年可支配收入从2003年的不足2700元提高到27568元，增长了10倍。

五、依托资源创新思路，培育特色型农家乐

除水果种植采摘之外，横坎头村的旅游还带动了农家乐的发展。近年来，横坎头村依托生态资源优势，结合红色旅游、绿色农业，把发展农家

乐作为促进乡村群众增收的主要抓手，引导群众通过经营"农家乐"，实现增收致富。

横坎头村两委通过全力培育梁弄镇第一家农家乐——百丈农家，大力宣传发展"农家乐"经济的意义及前景，提高广大村民开办"农家乐"的积极性和主动性，打造出"吃农饭、品农菜、住农家、享农乐"为特色的星级农家乐2家，一般农家乐6家。通过建立农家乐协会、举办厨艺培训、创新民宿服务，引导农家乐亮点改造、品牌提升，让游客从"吃一餐"到"住两晚"，真正做到了把横坎头村的特色农家乐资源优势转化为经济优势，促进了全村经济社会发展。

横坎头村百丈农家外景

百丈农家紧靠百丈岗水库，是一家二星级农家饭店，饭店餐饮设施齐备，除大厅外，还设有13个包厢，可同时容纳近200人就餐。

饭店环境幽雅，农家特色浓郁，果蔬新鲜，鱼虾鲜活，山村野味令人百吃不厌。其中特色菜品"金鸡报春"被评为2007年余姚四明山十佳农家菜，"丝丝相伴"被评为余姚四明山创意农家菜。

饭店更有自制的杨梅酒、桑葚酒，供旅客品尝、购买。该饭店集餐饮休闲于一体，临近"垂钓园""盆景园""百果园"，靠近半山樱桃杨梅采摘基地、四明山革命遗址群，是休闲旅游的好去处。

百丈农家的发展壮大，还真离不开村党组织的培育扶持。

2004年，随着横坎头村红色旅游的发展和水果采摘业的兴起，前来旅游的游客越来越多，急需能为游客提供配套服务的农家饭店。黄彭勋家场地宽敞，适合开饭

百丈农家

店。黄彭勋的妻子陈三妹曾在机关食堂烧过菜，厨艺之好远近闻名，女儿黄玲玲也学到了农家菜的烹调精髓，厨艺精湛。

于是，横坎头村书记张志灿找到黄彭勋，极力动员他利用自己的房子开办农家饭店，来带动横坎头村农家饭店的发展。

2006年9月27日，黄彭勋的农家饭店开张了。刚开始时，饭店接待能力

不强，生意也很一般。经过十多年的发展，饭店工作人员已超过10人，接待能力从最初的每天30余人扩大到如今的近200人，日营业额有时可以达到3万元左右，2017年的净利润就达到78万元。

浙江省旅游特色经营户（点）、优秀乡村旅游服务企业……一块块金字招牌摆进了收银台后的柜子。

黄玲玲说："生意能火，除了一家人的厨艺和辛苦付出外，更是依托了当地产的绿色蔬菜和村里红色旅游、采摘游的发展。"

随着农家乐的日益发展，回头客越来越多，不少客人建议百丈农家提供住宿服务，以供客人休闲度假，这与黄彭勋的想法不谋而合。

2012年10月，黄彭勋投资上百万元，把原来的农家小屋翻建成了小楼房，设有标准家庭客房10间，内部装修按三星级配置，同时配备40平方米休闲客厅、小会议室和棋牌室，满足居家度假、朋友小聚、小型集体活动的需求。

创办"百丈农家"以来，黄彭勋体会到了创业的种种不易，也尝到了成功的满满喜悦。品农家乐、赏乡村景、尝瓜果鲜、吃农家饭、住乡村屋，既让城里游客平添乐趣，又使村民鼓起了腰包。

百丈农家黄彭勋一家人合影

六、红色旅游让老区百姓得实惠，使老区面貌展新颜

从负债45万到年收入百万元，特色产业开辟新蓝海。15年前，习近平同志到访横坎头村时正值年关，当年的村委会账本上面赫然写着"未付账款45万元"。"习书记来看望老同志，全村找不出一台照相机拍张照片，真是穷得叮当响。"从当时报社记者拍摄的照片可以看到，村里的道路、房屋，一片破旧。

现如今，张志灿还是村书记，但是手头能用来给村庄、村民办事的资金已今非昔比。每年百万元的集体收入，加上上级财政倾斜，大到美丽乡村建设几百万元的投资，小到春节给村里老人发个红包，这位"管家"都游刃有余。

在横坎头村委会的办公大厅里，墙的正中位置悬挂着习近平总书记的回信照片。村干部决心在总书记回信精神指引下，同乡亲们一道，再接再厉、苦干实干，努力建设富裕、文明、宜居的美丽乡村。

15年前，习书记指示"全面奔小康，老区不落后"；现在，村庄公园墙上挂着的口号是，"全面奔小康，老区创示范"。

巍巍四明，曾给这里带来荣光；山川不语，见证着老区发生的一切！

创业，永远在路上

年近 58 岁的冯焕荣是横坎头村的村民，他的身上有着老区人民顽强的自力更生、艰苦奋斗精神。他从 1997 年离开百丈岙自然村下山自己创办企业，至今走过了 20 多年的创业路。一路的艰辛自不必说，但他从来没有被困难吓倒过，总是以战胜一切的决心咬牙挺过去。

2003 年那年，刚创办荣华灯具厂不到三年的冯焕荣受到了创业以来最大的一次打击。那年，冯焕荣所租的厂房到期，房东却不愿续租，要求限期搬出。这意味着他不得不赶紧想办法解决。于是，他在保证企业正常运转的同时，想方设法买土地建厂房。

就在这时，企业的一个职工出了工伤事故，压铸机把左手给压碎了，虽然最快的速度送医院抢救治疗，但还是落下了残疾。按照有关规定，企业必须支付所有治疗费用和 10 万赔偿款。一边是建厂房急需大量资金，已经捉襟见肘，到了最困难的时候，而这边还要花费一大笔钱，无疑是雪上加霜。

冯焕荣急得彻夜难眠，白头发一根根冒出来。经过多次上门协商，好说歹说，最后终于取得对方的理解，达成分三年支付 10 万赔偿款的协议。即使如此，最终只建了两个车间房，再也无力建造一幢行政管理大楼。平时的管理工作只能在车间进行，工作环境的艰苦可见一斑。尽管如此，冯焕荣从没有退缩过一步。

转眼到了 2014 年，冯焕荣创办的荣华灯具厂销售额从当初的不到 100 万增加到 700 万，出口俄罗斯、美国等国家。他看到灯具市场竞争激烈，自己的企业因规模较小，前景并不乐观，于是又动起了脑筋，打算新创办一家与灯具有关的原材料企业。他的这个想法立即遭到家人的反对，说都54岁的人了，还折腾个啥，把现有的这家企业搞搞好就行了，否则对自己压力太大了，而且两个女儿已经长大，大女儿还担任企业销售经理，能替父分忧了，何必再自讨苦吃。

冯焕荣却不这么想，他的人生格言是"人活在世上总要做点事情出来。"很质朴的话语，却能感受到他那颗坚忍不拔的心。

在全家人的反对声中，他创办了宁波富勒照明有限公司。这是梁弄镇第一家专门生产铝型材的企业。仅仅三年多的时间，年产值已经达到2000多万。自己的生活富了，他不忘村民们，连续多年为村民缴纳5000元一年的有线电视费。

一个人管理两家企业，机器坏了也要他自己修，这工作压力不去说，工作强度更是一个考验。去年，冯焕荣因为长期的劳累得了腰椎间盘突出症，走路只能驼着背、弯着腰，像个八九十岁的老人，但他还是坚持了下来。

作为一名老党员，冯焕荣对横坎头村有着很深的感情。他说："听到习总书记回信的消息，很激动，这是我们村莫大的光荣啊！希望村里能抓住这个机遇加快发展，我也愿意继续为村里出钱出力，努力将两个企业办得更好！"

（鲁永平）

梧桐引凤横坎头

在横坎头村，有一个很大的民宿项目——"壹周·稻田里度假客栈"引了进来。这一项目如何会落地到横坎头村呢？

民宿业主陈世浩，一袭休闲服装，戴顶休闲帽，架一副宽边眼镜，活脱脱一副艺术家的派头，而他刚刚装修完毕即将开业的民宿也是充满了艺术范儿。

陈世浩是个70后，宁波市美术家协会会员，爱好休闲运动，是长跑健将，马拉松的半马和全马都能参加，而且也是一些长跑项目的发起人。他见多识广，思想观念新潮，认为现在的80、90后大多爱好旅游和休闲运动，喜欢亲近大自然，思想和行动不喜欢受到拘束，因此，像自驾游、休闲游、亲子游这些项目很受这些人欢迎。这就是他办民宿的初衷，他看好民宿这种的发展前景。

陈世浩为了选择好的民宿地点，几乎跑遍了省内各自然风光优美之地，之所以最终选择横坎头村，是因为这里优越的自然环境和人文环境吸引了他。这里曾是四明山革命根据地的中心，横坎头村是著名的红村，如今红色旅游很是兴旺，再说，这里山清水秀，自然生态优良，山上植被丰富，还有果园、田野、溪流、老式民居等，乡土气息浓厚，是他心目中办民宿的理想之地。陈世浩还为民宿取了一个颇有诗意的名字——"壹周·稻田里度假客栈。"

整个民宿充满了田野的趣味。进入大门，里面有一个很大的四合院，庭院内有草地和小桥流水，曲径回廊，室内地面是水泥磨面，墙面和桌椅古朴简约，与周围环境十分协调。

房屋外面有一畈田地也是陈世浩租用的，打算以后种上农作物，让游客带孩子来体验当农民的快乐和辛苦，让城里的孩子了解农作物是如何生长的，让孩子们在体验中学习到书本中无法学到的知识。

陈世浩坦言，这儿是旧房子改建的，现在这里刚起步，接待能力有限，会议室只能容纳30人，客房有亲子房、标准房、家庭房等17间，不算多，待以后慢慢增加。他认为这儿的民风淳朴，村庄里有很多砖木结构外立面石砌的老式民居，外墙立面经改造后黑白分明，像一幅幅水墨画，呈现出江南水乡特有的美景。

陈世浩乐滋滋地说："梁弄和横坎头现在有了个难得的机遇，总书记回信的事各大媒体都在报道，无论是村还是镇都提高了知名度，这会大大带动红色旅游和乡村旅游的发展，民宿的前景和钱景一定会很好。因此，我还会与文联专业协会等合作，搞一个集运动、休闲、体验、旅游于一体，别有风味的特色民宿。"

（孙龙）

第六章

留住浓浓的乡土味
——建设美丽乡村精品村

15年，不忘初心，

15年，筚路蓝缕，

我们遵循习总书记的教诲，

我们紧跟祖国繁荣的脚步，

构筑起一个五彩缤纷的美丽村庄。

在创建洁美家园的日子里，

我们脚踏实地；

在建设文明村的进程中，

我们阔步前行。

用我们的勤劳和智慧，

用我们的开拓和进取，

绘就一个——

党建引领、经济发达、平安和谐的村庄。

云中谁寄锦书来，开拆远信抵万金。习近平总书记给横坎头村全体党员的回信，每个字都充满让人前行的力量，令人热血沸腾。

从15年前的"加快老区开发建设，尽快脱贫致富奔小康"到15年后的"努力建设富裕、文明、宜居的美丽乡村，让乡亲们的生活越来越红火"。两封信跨越历史，见证了习近平总书记始终如一、爱民亲民的赤诚之心。

在富裕、文明、宜居上做文章，让农业成为有奔头的产业，让农民成为有吸引力的职业，让农村成为安居乐业的美丽家园，这样的乡村方可谓之振兴、谓之美丽。恢复和提升农村生态，让农村的生态优势变成农村发展的宝贵资本，才能书写好新时代中国生态文明建设这篇大文章。

2018年以来，浙江省的"千村示范、万村整治"工程在全国范围得以普及。从"千村示范、万村整治"工程中，我们可以看到中国正确处理经济发展与生态保护关系的样本，也看到了未来美丽中国的范例。横坎头村建设美丽乡村精品村的嬗变过程，就是一个缩影。

一、15年前，横坎头村村容村貌凋敝

2002年10月12日调任浙江工作之后，习近平同志就开启了马不停蹄的调研行程，在春节前的3个月内连续到11个市进行一线调研，察民情、听民声。横坎头村就是习近平这次系列调研的一个点。在当时的浙江，包括横坎头村在内的广大农村正面临着"成长的烦恼"，农村建设和社会发展明显滞后。

横坎头村的破旧房屋（2003年）

113

在浙江，"有新房无新村""室内现代化、室外脏乱差""垃圾无处去、污水到处流"等现象十分突出。据浙江省农办的摸排，当时全省有4000个村庄环境比较好，3万多个村庄环境比较差，横坎头村就属于典型的环境比较差的村庄。

横坎头村的破旧房屋（2003年）

厕所，是每个农家庭院的必备附属建筑。曾经几何时，谈及中国的厕所，很多人的感受不佳，厕所脏、乱、差、偏、少，"如厕难"成为群众反映强烈的突出问题。在一些农村地区，"两块

横坎头村的破旧厕所（2003年）

砖，一个坑，蛆蝇
滋生臭烘烘"。对
横坎头村来说，居
民家庭几乎都是用
露天粪缸，整天都
是臭烘烘的味道。
一到夏天，更是蛆
虫到处爬、苍蝇嗡

绿树翠竹掩映下的横坎头村破旧房屋（2003年）

嗡飞。村里仅有的公共厕所，也是旱厕，卫生状况不堪入目。

相对于村庄环境差的现象来说，更深层次的问题是人的认识问题。经济高增长背后，是不蓝的天、不清的水、不绿的山，是不平衡、不协调、不可持续的发展模式。如何处理好发展和环境保护的关系，考验着决策者的智慧。

二、15年来，横坎头村积极贯彻落实"千村示范、万村整治"工程

2003年6月，在习近平同志的大力倡导和亲自主持下，浙江在全省启动"千村示范、万村整治"工程，这项以农村生产、生活、生态的"三生"环境改善为重点，以改善农村生态环境、提高农民生活质量为核心的村庄整治建设大行动正式开启。

启动"千村示范、万村整治"工程，推进生态省建设，既是经济增长方式的转变，更是思想观念的一场深刻变革。加强生态文化建设，在全社会确立起追求人与自然和谐相处的生态价值观，是"千村示范、万村整

治"工程建设得以顺利推进的重要前提。习近平总书记在浙江工作期间曾在《浙江日报》撰文指出，生态文化的核心应该是一种行为准则、一种价值理念。我们衡量生态文化是否在全社会扎根，就是要看这种行为准则和价值理念是否自觉体现在社会生产生活的方方面面。

在浙江工作期间，习近平同志亲自抓"千村示范、万村整治"工程的部署落实和示范引领，每年都召开一次全省现场会作现场指导。此后，浙江省的"一把手"直接抓这项工作，已经成为浙江历届省委的一项雷打不动的惯例，所布置的工作尽管每年有所侧重，但抓这项工程的决心不变、主题不变，一以贯之。

横坎头村破旧的桥头堡（2003年）

正是在习近平同志亲自抓的"千村示范、万村整治"工程指引之下，横坎头村按照城乡统筹发展的要求，以"保护村落文化、体现农村特色、提升农村品质"为核心内容，以创建浙江省农房改造示范村为有效载体，大力推进村庄整治。

一是规划引领。遵循"成片整治、恢复景观、保用并重、形成风貌"的原则，通过优化规划设计、强化规划实施指导、彰显历史人文底蕴、提升基础设施等措施，努力建设具有浙东地域特色、生态特色和人文特色的农房改造建设示范村。

整治前的桥头堡街面

整治后的桥头堡街面

整治前的行政公署

整治后的行政公署

整治前的穿村大溪

整治后的穿村大溪

横坎头村"千村示范、万村整治"前后对比

二是拆改并重。在上级部门的扶持下，投入225万元，修缮、拆除无保留价值且影响村容村貌的破房、危房44户，新建安全、适用、经济、美观农房22户。安排58户比较困难的农户进行危旧房拆建和维修补助，补助资金达96万元；投入50万元对村主要区域内的老厂区进行拆建改造，改造面积达1200平方米。

蓝天白云映衬下的横坎头村村民住宅（2018年）

与青山为邻的横坎头村现代化村民小院（2018年）

三是重点工程纷呈。推进"四明山区域生态发展"项目建设，完成桥头堡拆迁面积800平方米，启动改造面积4500平方米，总投资700万元；启动横坎头村柴山脚安置房工程建设，建筑面积11000平方米，总投资2100万元；开展彩化美化工程建设，共投资22万元，点亮红村新面貌。

三、15年来，横坎头村加快建设美丽乡村

十九大报告首提"乡村振兴战略"后，中央农村工作会议、一号文件更是对中国特色社会主义乡村振兴道路进行了长远布局。2018年2月，中办、国办印发的《农村人居环境整治三年行动方案》公布，着力于农村生活垃圾、生活污水治理和村容村貌提升等重点领域，将梯次推动乡村山水林田路房整体改善……

对于横坎头村来说，15年来，始终以抓铁有痕、踏石留印的劲头，扎实推进环境综合整治工作，全面整治环境脏乱差问题，加快美丽乡村建设，着力打造"整洁、舒适、绿色、卫生"的人居环境，让农民有更多幸福感、获得感。

一是着力完善基础设施。强基础，打好红村发展组合拳。组织专家开展新一轮农村社区发展规划，实现村庄格局区块合理分布；投入450万元完成6个自然村的道路改造，硬化道路面积达47000平方米，道路硬化率100%；投入300万元开展自来水改造工程，使村民喝上放心水；投入1000万元完成梁让大溪内段标准化治理工程；分别投入110万元和34万元，对乌龟山水库、后山田水库进行治理；投入700万元启动"四明山区域生态发展"项目建设；更换节能路灯160盏，路灯亮化率100%；新建停车场10个、公厕15所、生活用水池8只、露天广场1个。

　　二是积极实施卫生整治。投入100万元对紫溪、半山和大岭下等几个自然村的48块废弃杂地进行整理，整治面积达12200多平方米，硬化10000多平方米，新增绿化3800平方米，村总绿化面积16000平方米，绿化率达98%。投入480余万开展横坎头、牛轭丘、大岭下、紫溪等四个自然村的村庄提升工程，完成房屋外立面改造43000平方米，新建宣传文化设施3处、垃圾箱50只。加强村庄"净化、绿化、美化"工作、"无违建"创建工作和"截污清源"攻坚行动。

　　三是健全长效保洁机制。实行"一村一辆农用车""一片一名保洁员""一户一个垃圾桶"的"三个一"工程，配备11名专职保洁人员，建立卫生保洁制和绿化长效管理制，实行溪道保洁责任制；落实村主要道路12小时保洁制、门前三包责任制，实现了垃圾集中处理并及时运送到镇垃圾中转站，做到生活垃圾日产日清；落实绿化养护责任制，做到全年有人管理、有人养护。

横坎头水库整治效果（2018年）

浙东区党委旧址旁休闲绿地

健身广场的绿化带

行政公署前的休闲绿地

绿色环绕中的横坎头村

横坎头村"千村示范、万村整治"效果图（一）

村民住宅新区前的景观绿化带

运动休闲广场

横坎头村"千村示范、万村整治"效果图（二）

横坎头村村民小院前的溪流保洁效果（2018年）

　　四是积极推进厕所革命。卫生改厕，是一件民生小事，也是一件民生实事。它与人人相关，体现着文明进步的尺度，习近平同志时时牵挂

心间。

小康不小康，厕所是一桩。党的十八大以来，习近平总书记在国内考察调研过程中，经常会问起农村厕所改造问题，详细询问村民使用的是水厕还是旱厕，在视察村容村貌时也会详细了解相关情况，强调"小厕所、大民生"。

2014年12月，习近平总书记在江苏镇江考察调研时就指出，厕改是改善农村卫生条件、提高群众生活质量的一项重要工作，在新农村建设中具有标志性。

2015年7月，习近平总书记要求将"厕所革命"推广到广大农村地区。习近平总书记强调，随着农业现代化步伐加

横坎头村厕所外观（2018年）

快，新农村建设也要不断推进，要来个"厕所革命"，让农村群众用上卫生的厕所。

2016年8月，在全国卫生与健康大会上，习近平总书记充分肯定"厕所革命"的重要意义和成果，提出持续开展城乡环境卫生整洁行动，再次强调要在农村来一场"厕所革命"。习近平总书记还指出，"厕所问题不是小事情，是城乡文明建设的重要方面，不但景区、城市要抓，农村也要

抓，要把它作为乡村振兴战略的一项具体工作来推进，努力补齐这块影响群众生活品质的短板。"

2017年11月，习近平总书记作出重要指示强调，坚持不懈推进"厕所革命"，努力补齐影响群众生活品质短板。

横坎头村牢记习近平总书记指示，扎实落实"厕所革命"。在实施"千村示范、万村整治"工程早期，就把卫生改厕作为美丽村庄建设的一个重要着力点。15年来，全村设置了15所公共厕所，公共厕所的外观设计和色彩搭配都完全融入村庄整体规划。还实行公共厕所专人管理，建立了一系列考核制度，做到"五无四清"，"五无"是指：壁无尘网、无蝇蛆、无尿碱、无恶臭、无满溢；"四清"是指：地面清、蹲台面清、门窗墙裙清、小便池清。

四、15年来，横坎头村全力打造生态美村

党的十九大报告提出，到20世纪中叶，把我国建成富强民主文明和谐美丽的社会主义现代化强国，对于发展目标的表述增加了"美丽"二字。将"美丽"二字写入社会主义现代化强国的目标，意味着从实现中华民族伟大复兴中国梦的历史维度推进生态文明建设，彰显了中国共产党人的远见卓识和使命担当。

15年来，横坎头村积极响应习近平总书记提出的"绿水青山就是金山银山"的理念，围绕生态"美"村的总体目标，将横坎头村全力打造成一处生态型、有深厚红色文化底蕴和绿色田园风情的、多种风貌体验互相融合的近郊山地村落的精品典范，"美丽乡村精品村"创建取得显著成效。

村口石碑

计生公园

村办公楼

村民休闲公园

整治后的大溪绿化带

生态休闲公园一角

横坎头村"千村示范、万村整治"效果图（三）

一是重整体，一处美迈向一片美。按照浙江省统一提出的规划要求，在"中心村"，主要建设公共服务中心，吸引人口集聚、辐射周边村庄；在"一般村"，主要实行环境整治、改善村容村貌；在"高山偏远村""空心村"，主要实行异地搬迁；在"历史文化村落"，主要实行保护修建，促进历史古迹、自然环境与村庄融为一体。为此，横坎头村聘请上海交通大学对6个自然村落逐一勘察，统一规划，因地制宜，制定景观设计方案。完成浒溪线村路口改造工程（包括红色浮雕区工程和周边环境绿化工程），以点带面、连线成片，家家户户皆风景。

二是强基础，一时美迈向持久美。坚持稳扎稳打，在"五水共治"重点工作基础上，从实际出发，把握好整治力度、建设深度、推进速度、财力承受度以及农民接受度，加强村庄"美化、亮化、绿化、净化"工作、"无违建"创建工作和"截污清源"攻坚行动，不搞一刀切、大拆大建。发挥村民主体作用，标本兼治、长效管护，打出生态田园人居塑造组合拳，加快长效管护机制常态化。

三是抓内涵，外在美迈向内在美。通过优化规划设计、强化规划实施指导、彰显历史人文底蕴、提升基础设施等措施，进一步加强对革命遗址、名人故居的修缮与保护，更深入地挖掘历史史实、更立体地展现革命老区的精神风貌、更大程度地发挥红色精神在"美丽乡村精品村"建设中的育人鼓劲作用，努力建成一个具有浙东地域特色、生态特色和人文特色的农房改造建设示范村。

让贤桥（2018年）

15年岁月如歌，15年接续奋斗！随着"千村示范、万村整治"工程广度和深度的拓展，"美丽乡村"的内涵也不断丰富。从美丽生态，到美丽经济，再到美丽生活，"三美融合"给横坎头村带来了勃勃生机。

五、15年来，横坎头村持续谱写民生福祉新篇章

15年来，横坎头村以省文明村、卫生村、绿化示范村创建工作为总抓手，立体式开展全民共建"美丽红村"活动。围绕"村庄秀美、环境优美、生活甜美、社会和美"四大行动，全力推进"三改一拆""四边三化""三洁九无"，将横坎头村打造成一处生态型、有深厚红色文化底蕴和绿色田园风情、多种风貌体验互相融合的山地村落精品典范，成功创建余姚市"美丽村庄""最洁美村庄"，宁波市"最洁美村庄二十强"，创建"镇级美丽家园"272户、"市级美丽家园"87户。

让贤桥头（2018年）

15年来，横坎头村两委紧紧围绕习近平"加快老区开发建设，尽快脱贫致富奔小康"重要指示精神，结合实际，大力探索农村建设的新路子、新途径、新载体，始终保持艰苦奋斗、自力更生的精神风貌。坚持解放思想，坚持改革创新，依托新农村规划建设，按照"农业立村、工业稳村、旅游兴村、民主治村"的全面小康建设思路，探索走出一条"红色+绿色+农家"的旅游、农业、经营发展致富道路；以创建活动为抓手，着力打造"文明、卫生、民主、农改、美丽"的社会主义新农村。以"红色党建"为引擎，全面加快推进老区开发建设，全面脱贫致富奔小康，努力开创横坎头村社会建设的新局面，取得了喜人成绩。

2006年，横坎头村获得浙江省全面建设小康示范村、首届浙江魅力新农村环境优美奖、省绿化示范村荣誉。

2007年，村党总支顺利升格为党委。

2010年，开展樱桃园、盆景园、垂钓园"三园"建设，同时引进了北斗湾漂流。

对村内废弃土地绿化，全村绿化率达到98%

2011年，完成浙东银行、浙东报社旧址的修缮工作并正式开馆。

2012年，开展美丽乡村、幸福家园和中心村培育建设。

2014年，湖山资源公路开通，乌龟山水库大坝开始修建。

2015年，半山杨梅山、横坎头竹山承包投标。

2016年，完成村民集中安置房审批工作，桥头堡改造工程顺利实施。

2017年，饮用水改造工程、大岭下小溪流整治工程正式开始。

多年来，横坎头村获得的荣誉不可胜数。

余姚市级：余姚市"双百共建"优秀共建对子、全市统战工作五星村、余姚市五四红旗团支部（团总支）、余姚市先进党组织等诸多荣誉、余姚市五好党组织、余姚市先进基层党组织、余姚市庭院整治合格村、余姚市充分就业村、余姚市党群先进村、余姚市综合先进村

宁波市级：宁波市"四型"先进党组织、宁波市文明村、宁波市卫生村、宁波市民主法治村、宁波市级生态村、宁波市园林式村庄、宁波市科普示范村、宁波市农村综合信息服务站示范村、宁波市旅游特色村、宁波市十大绿色文化新景观村、宁波市基层党建工作示范点、宁波市优秀学习型社区、宁波市五四红旗团支部

浙江省级：浙江省文明村、浙江省历史文化名村、浙江省全面小康建设示范村、浙江省农村基层党风廉政建设示范村、浙江省民主法治示范村、浙江省绿化示范村、浙江省森林村庄、浙江省卫生村、浙江省特色旅游村、首届浙江魅力新农村

国家级：2017年底，获得"全国文明村"

六、15年后，横坎头村村容村貌换新颜

"'千村示范、万村整治'工程是推进新农村建设的龙头工程、统筹城乡兴'三农'的有效抓手、造福千万农民的民心工程，要让更多的村庄成为充满生机活力和特色魅力的富丽乡村。"15年的工作成效充分证明，"千村示范、万村整治"工程是一项功在当代、利在千秋的伟大工程。

横坎头村正是"千村示范、万村整治"工程的一个成功典范，乡村面貌焕然一新，生态宜居的生活环境令人羡慕。

2003年，习近平同志到横坎头村调研，是横坎头村蓬勃发展的一个重要转折点。为响应习近平同志指示精神，在宁波市、余姚市的大力帮扶下，2003—2005年，横坎头村投入1200余万元，先后完成村内道路硬化、自来水改造、路灯亮化、村办公楼、村落文化宫、农民公园、道德广场、村民小区等建设工程，村庄已经总体实现"二片村级公共设施、一个公园、二个新社区、一个工业开发区、一条沿溪绿色长廊和二横三纵的村内道路骨架"，村内道路硬化率达到100%，村道两旁美化率达到95%以上，实现"硬化、美化、亮化、净化、洁化"目标；自来水入户率达100%，路灯亮化率100%，农户卫生厕所改造率达到100%。

15年过去了，今日的横坎头村变成了啥样？

"那可真是大变样了！"随便问个村民，他们都会这样自豪地回答。

阳春三月，吹面不寒，杨柳依依。

刚拐进横坎头村，未见其村，先闻其声：一条清澈的小溪，一路哗啦欢唱，流过整个村庄。

顺着溪流蜿蜒而上，一个安静、整洁的横坎头村，慢慢展现出了她的姿容：白墙黛瓦的农房、造型奇特的盆景园、苍翠欲滴的樱桃园、掩映在竹林里的精品民宿、端庄肃穆的浙东抗日根据地旧址……小桥流水，绿树红花，一派田园风光。

的确，如今的横坎头村，溪水潺潺，草木葱茏，家家户户庭院整洁，真可谓是颜值高、形象好，而她的颜值、形象，主色调一是"红"、二是"绿"。

红，指的是红色基因。作为全国十九个抗日根据地之一，红色基因是横坎头村最宝贵的资源。村里以"红色旅游"为主打名片，通过发展红色旅游，如今已经成为宁波市级美丽乡村精品村。

绿，指的是绿水青山。地处四明山区，绿水青山如今已经转化为横坎头村的"金山银山"。樱桃园、盆景园、民宿经济等特色产业日益兴起，为当地村民带来了丰厚的收入。

湛蓝天空映衬下的横坎头村村民住宅（2018年）

根据党的十九大提出的"美丽中国"的奋斗目标，横坎头村已经确立面向2035年的规划目标："山水格局，绿野寻踪；浅街深院，宜居宜商；雅居美庐，悠然自得；江南底蕴、休闲圣地。"生态型、绿色田园风情、多种风貌体验将成为这里的突出特色，美的内涵也在这里不断得以延展。

红村，那一片绿

　　红岗劲松神不倒，白水飞瀑茶飘香。横坎头村曾是浙东敌后根据地的指挥中心，浙东区党委、行政公署、军政干校、浙东银行、浙东报社等革命遗址都坐落在这青山绿茵之中。当年的"红"土地，今天的革命老区已经名闻遐迩，横坎头村也被当地老百姓自豪地称为"浙东红村"。

　　横坎头村，"红"于革命战争年代，绿在当代宜居家园。赏美景，品百果，听流泉，闻鸟语，观湖山，住农家，尝土菜，玩漂流……这里有古楼群、新别墅、梅鹿场、垂钓台、眺望亭、绿茶园、幸福桥，还有各种形神兼备的雕塑作品。在打造生态村居、美化家园、乡村振兴中，成绩斐然，变化可喜。

　　步入村中，只见村道、转角绿树红花，房前屋后花卉水果，四周茶园修竹点缀。村级经济收入呈现新的亮点，人们生活乐在其中。为此，村里有位草根诗人张老伯曾撰联一副："家居绿水青山畔，人在和谐红村中"。

　　一座座石质构建的角亭，一条条紫藤缠绕的长廊，一处处平整的小广场落在竹林溪边、绿野田畴间。那里，村民们或练拳舞剑，或跳舞唱戏，或聊天拉家常，或晨起赏景……生活过得有滋有味。

横坎头村文化礼堂

　　村委会的办公大楼坐落在碧草如茵、山溪淙淙的绿荫环抱中。外建亭台长廊、花坛座椅、雕塑铜像和球场器械；内设"村落文化宫""老年协会""体育协会""青年中心"和"养老服务机构"。环境幽雅、设施齐全，与修缮一新的浙东行政公署、浙东区党委等机构旧址隔溪而望，相得益彰。

　　在村办大楼的正南方，一片浓绿掩蔽，那就是百果园和植物盆景园。西边尽是果木：葡萄玉中呈紫，梨果黄里透亮，桃子红艳诱人，桑葚黑得发紫，还有众多的杨梅、枣子、樱桃、杏子和枇杷……其间，水泥路阡陌纵横，葡萄长廊延伸，遮阳挡日，通风爽气，还能闻得果香阵阵。游客赏景采果，谈笑风生，不绝于耳。

横坎头村盆景园

　　东首，是投巨资而建的植物盆景园。步入园中，绿树幽深、翠竹曼舞、卵石小径、山岩静溪、芳草碧连、鸟鸣枝头、蝉噪林间……"青山不语花含笑，流水无声鸟作歌"。而最引人瞩目的当属大小不一、独具风格的盆景。有虬曲突兀的榆树，有盘根错节的檵木，有玲珑剔透的鹊梅，有亭亭玉立的天竺，有玉树临风的罗汉松，还有造型可谓巧夺天工的龙柏、五针松等等，千姿百态，形神兼得。

　　浙东行政公署旧址南侧，是村里又一处花木生态园。这里丛林密集，竹楼当门。有合抱粗的香樟和银杏，有浓郁芳香的桂花和含笑，有姹紫嫣红的紫荆和茶花，还有婆娑如丝的垂柳……"梧桐叶上听秋雨，杨柳丝中见远山"。那红的枫、绿的竹、蓝色网球场，碧水、白桥散落园中，恰似锦上添花一般。小鸟从树冠掠过，留下清脆的问候；凉风从绿叶间穿过，和谐地融入瀑水的交响……

　　挂在两山之间的"白练"瀑水，带着古老而神奇的传说，带着一路欢歌笑语，出白水宫，过修竹林，入紫溪潭，最后汇入百丈岗水库。溪泉酿就的湖光黛绿与人们修整的堤坝水闸融为一体，像是一颗镶嵌在百丈岙里的绿色翡翠，更是一个天然"垂钓园"。绿林丛里向湖心伸挑出的竹楼、竹亭、竹曲桥和竹长廊，是垂钓、休闲赏景之佳处。节假日，会有众多的垂钓者驾着车纷至沓来，既赏湖光山色，又感受"姜太公"之韵味。

每当晴天的傍晚，夕阳辉映着青山绿水，景色更美，正如唐代诗人白居易所写得诗句那样"一道残阳铺水中，半江瑟瑟半江红……"

若是到了樱桃、桑葚、杨梅成熟的季节，摘果的、观光的、采访的、乡游的车游不息。村道两旁，设摊的、问价的、要货的、装卸的，相聚一起，热闹非凡。

"山山水水处处明明秀秀，晴晴雨雨时时好好奇奇"。红村

横坎头村花木生态园

横坎头，四明第一村，美如"花果山"，胜似"桃花源"。梧桐堪引凤，丰收喜山农。

横坎头村，因"红"而得名，因绿而秀丽，因诚而取信，因勤而致富……横坎头村的明天一定会更红，更绿，更生态环保！

第七章

乡村振兴新动能
——焕发乡村文明新气象

2018年3月8日，习近平总书记在参加十三届全国人大一次会议山东代表团审议时强调："要推动乡村文化振兴，加强农村思想道德建设和公共文化建设，以社会主义核心价值观为引领，深入挖掘优秀传统农耕文化蕴含的思想观念、人文精神、道德规范，培育挖掘乡土文化人才，弘扬主旋律和社会正气，培育文明乡风、良好家风、淳朴民风，改善农民精神风貌，提高乡村社会文明程度，焕发乡村文明新气象。"习近平总书记的讲话对乡风文明具有重大指导意义。

乡村是否振兴，要看农民的精气神旺不旺、乡风好不好、人心齐不齐。乡村振兴，既要塑形，也要铸魂，必须提升农民精神风貌，不断提高乡村社会文明程度；必须坚持教育引导、实践养成、制度保障三管齐下，采取符合农村特点的有效方式，加强农村思想道德建设，加强农村公共文化建设，开展移风易俗行动，弘扬乡村文明；必须传承发展提升农村优秀传统文化，深入挖掘农村特色文化。

15年来，横坎头村在习近平同志"加快老区开发建设，尽快脱贫致富奔小康"指示精神指引下，以"弘扬红村文化、建设文明新村"为主题，坚持文明立村、文明兴村，不断创新载体、拓宽途径、提升内涵，真抓实干、主动作为，走出了一条革命老区全面奔小康的新路子，走出了一条乡村振兴的新路子。

一、培育文明乡风

"风俗，天下之大事也"。乡村是否振兴，乡风文明是一个重要标志。乡村振兴要重视培育文明乡风，引导农民在思想观念、道德规范、知识水平、素质修养、行为操守等方面，形成积极、健康、向上的社会风气和精神风貌。在培育文明乡风方面，横坎头村有很多值得学习借鉴的好做法好经验。

重视阵地打造。建成村落文化宫、计生广场、农民公园、道德文化长廊等文体阵地，利用浙东抗日根据地旧址等红色资源，创新建立宁波市首个"红色村史馆"，助推"红"村精神文明建设。2017年，启动文化礼堂建设，深入挖掘本村特有的历史文化，建造村民精神家园。

横坎头村道德公园

加强队伍建设。深入挖掘培育文艺爱好者，积极组建戏曲、篮球、花轿、舞蹈等文体队伍，通过"红色文化微课堂""请进来""走出去"等不同形式，强化文艺爱好者专业水平和能力的提升，为带动文体团队整体素质提高发挥示范带头作用。注重文化队伍作用发挥，以"我们的节日"为主题，组织开展富有特色的文体活动，推动群众文化活跃，弘扬文明新风。

横坎头村文艺彩排

丰富活动形式。以"弘扬红村文化"村落文化艺术节为主要载体，开展迎新春文艺晚会、迎端午戏曲专场演出等大型文化活动，中国文联"送欢乐下基层"慰问演出、嵊州小百花越剧等文艺演出走进横坎头村，极大丰富了群众的精神文化生活。不断深化文明村创建成果，组织文艺志愿者创设与文明相关的小品、情景剧等，引导村民讲文明、树新风。以传统节

横坎头村开展文艺活动

日为契机，寓教于乐，充分利用文化广场、欢乐活动室等村风文明宣传阵地，组织开展"新春送福""端午浓情""重阳敬老"等主题活动，传统文化润物无声，文明风尚悄然成风。

提升农民素质。文明乡风的培育，离不开一支高素质的农民队伍。为培养和造就一批有文化、懂技术、会经营、高素质的新型农民，横坎头村一方面加大对劳动力的技能培训力度，确保农民掌握一、二门技术，为用工单位输送急需人才；另一方面加大对农民的社会公德、职业道德、家庭美德和社会主义核心价值观的教育力度，形成崇尚科学、反对迷信、遵纪守法、文明向上的良好氛围。

横坎头村开展远程教育提升农民素质

二、培育良好家风

"一家仁，一国兴仁；一家让，一国兴让。"家风是社会文明的根基，家风相汇成民风，民风相融成国风，家风好则世风正。家风是家族成员长期恪守家训、坚守家规，通过家教而形成的具有鲜明家族特征的家庭文化。好家风是好家庭的血脉，好家风成就好家庭，好家庭培育好子女，好子女建设好社会。习近平总书记曾经指出："广大家庭都要弘扬优良家风，以千千万万家庭的好家风支撑起全社会的好风气。"横坎头村通过培育良好家风，让浙东红村呈现新气象。

一方面建立"道德讲堂"，制定教育计划、先后10余次邀请梁弄"红色之光"宣讲团成员为村民群众做道德讲座；另一方面在"星级文明户"创评的基础上，组织开展了"最美系列"评选活动。通过召开全村"红村树新风"创建动员会、党员组织生活日、村民小组讨论会等形式，明确"美丽乡村、美好乡风、美满家庭、美善人生"建设目标，大力开展最美家庭、美丽庭院户、家风家训创评等活动。

横坎头村"美丽庭院"挂牌

近年来，先后评选出"身边好人"9人、"道德典型"10人、"最美家庭"20户、"十星级文明户"30户。从道德、科技、文化、教育、卫生等各个方面评选表彰核心示范户，着力构筑了一批各具特色的核心户，以核心户辐射带动文明村创建深入开展，着力构建处处文明、家家和谐、人人幸福的美善村风。

三、培育淳朴民风

"君子之德风，小人之德草，草上之风必偃。"民风的核心是民间风尚，即民间教化习俗与民间共同体的价值取向和行为模式，如提倡道德自觉、理性、友爱等。习近平总书记在浙江工作时曾经指出，建设社会主义新农村，人是最活跃的因素，最关键的内容，最基本的前提。新农村建设是一项全面的建设任务，不但要抓硬件，还要抓软件；不但要有新农村，还要有新农民；不但要推进经济建设，还要推进政治、文化和社会建设。其核心就是人，归宿也都是人。建设新农村也应该是农民的自身价值、自身素质不断提高的过程。如果我们改变了农村的外在面貌，却没有改变农民的精神面貌，那么新农村建设还是在低层次开展。

近年来，横坎头村遵循习近平总书记指示，念好"正理念、强基础、重实效"三字诀，确保乡村振兴工作常态化、领域全覆盖、成果显实效，淳朴民风得以培育，文明村风得到显著提升，美丽乡村实现转型升级，村民幸福指数不断提升。

点燃文明红色引擎。横坎头村党委坚持把传承红色精神和弘扬文明新风有机结合，凝聚起共建"美丽红村"的强大力量，全力打造美丽红村，让红色精神代代相传。以"弘扬红色基因，共筑文明之村"为主旨，组织开展了系列主题教育活动。以文化人，成立"讲好红村故事"主题宣讲团，以横坎头村历史故事、红色故事、社会主义核心价值观故事等为主要内容开展宣讲。以红育人，依托浙东抗日根据地旧址，组织观看红色教育片、看望革命老战士等爱国主义教育活动。

横坎头村开展"我最喜爱的习总书记的一句话"主题宣讲

红色基因流淌在每一个老区百姓的血液里。2004年，接到旧址开发建设的通知后，住在浙东抗日根据地旧址内的黄志尧头一个在搬迁协议书上签字，并四处奔走做动员工作。"讲老区精神，没有实际行动怎么行？"黄志尧曾多年担任红色景区讲解员，一有机会，就会为年轻人讲述红色土地上的往事。

村庄整治时，村党委委员石晓光对补偿条款不讨价还价，带头拆了两间祖宅；村里为公厕选址时，有党员不计较个人得失，主动建议将公厕建在自己家旁……

"建设革命老区样板村，老区人就要有老区人的样子。"反复诵读总书记来信，村民柴百芳颇为感慨，"现在村里一天少说要来十几波考察团，每个村民的素养和精神面貌都会影响他们对横坎头的印象。往大了说，这直接关系着横坎头的荣誉；往小了说，这也关系着红色旅游的长久兴旺，关系着村民的致富增收。"

红色基因流淌在每一个横坎头村群众的血液里

志愿服务爱心传递。为进一步弘扬志愿服务精神，精心营造文明风尚，横坎头村成立了"爱在红村"志愿服务总队，下设"青山绿水"队、"红土地"青年突击队、"红色暖心"队等分队，带领全村150余名志愿者开展"五水共治""文明红村我先行，聚力点亮微心愿""春泥筑爱""爱心邮递"等一系列常态化、制度化、长效化的志愿活动。2017年，在村妇联组织的"巾帼剿劣在行动"活动中，妇女志愿者充分发挥自身优势，利用村宣传栏、广播站，人人争当治水宣传员、作战员、劝导员，吹响了以身作则、率先奉献的文明村风冲锋号。

志愿者绘制了大量"美丽家园"主题墙绘，进村入户分发"共建美丽家园·同享幸福生活"宣传折页和宣传品，组织开展"美丽家园"专场文艺汇演。还开展了"垃圾不落地，横坎头更美丽"文明倡议、"美丽家园，党员先行""卫生死角随手拍，美丽家园齐心建""携手同心，共建美丽家园"服务专场等志愿服务活动，强化全民创建意识，提升村庄洁美环境，使美丽乡村工作寓教于学校、渗透于家庭、传播于社会，极大地激发了广大群众共建美丽乡村的热情。

横坎头村志愿者帮助被大雪围困的小汽车通行

要让美丽乡村更美丽

"峥嵘岁月多盛事，浙东延安霞光红；洁美村庄横坎头，今日风情别样浓。"横坎头村老妇女主任孙小莲这几天红光满面，干劲十足。上星期刚刚义务劳动两天，她与横坎头全体党员、村民代表一起，全方位义务打扫卫生死角，这星期她又想带领村妇女代表、志愿者队伍继续主动去寻找隐蔽垃圾。

作为负责村卫生工作十几年的"老人"，对于这几年村里卫生面貌的大变样，孙小莲有着切身体会。

一、无处安放的垃圾桶终于落位

15年前，横坎头村还是个穷村，村民的卫生意识也不强，门前、屋后、村道旁，经常可以看到一堆堆垃圾，剩菜、剩饭、腐烂水果等混在一起外溢，散发出恶心的臭味，令人作呕，蝇虫在垃圾堆周围乱飞。

为了解决垃圾随处堆放的不卫生问题，村里统一购置了一批垃圾桶，定点放置。但是，谁也不愿意垃圾桶靠近自家门口。大家觉得垃圾桶脏，也怕垃圾得不到及时清理，会招来蚊蝇、老鼠，危害自身健康。于是，经常性地会有垃圾桶被放在路中间。垃圾桶放在路中间，影响了正常交通，经常惹得不少路过车辆的司机口出怨言，而且极易引发交通事故。

虽然孙小莲常常挨家挨户上门做思想工作，但是还经常有垃圾桶被移走、推倒，垃圾仍然在路边乱堆放，甚至被投入溪坑。

孙小莲不得不时常帮着清洁工下到溪坑里去捞垃圾。而今，随着"美丽家园"等创建行动的开展，村民卫生总体素质的普遍提高，垃圾桶也终于固定落位，再也没有人去移动破坏了。

二、一罐煤气换一垛柴蓬

近年来，横坎头村结合上级部署，不断开展各类卫生创建工作。在农村，很多村民出于图方便、舍不得丢弃等原因，都有在宅前屋后堆放杂物的习惯，特别是梁弄靠近山区，村民经常把毛竹堆成柴蓬，不仅污染周围环境，还容易引发火灾事故。

随着美丽乡村建设和农村环境整治提升的不断深入，横坎头村力争做到路面无垃圾、河面无漂浮物、田间无废弃物、庭院无乱堆放等"四无"整治目标。虽然再三上门做工作，却还是有很多村民不肯放弃毛竹柴蓬。

孙小莲想出了一个主意，用一罐煤气换一垛柴蓬。清洁卫生又方便快捷的罐头煤气，对于村民来说相当有吸引力，于是村民纷纷同意，自动清理掉柴蓬。

这样的故事很多很多。孙小莲在回忆中嫣然一笑："比如，我们早在2007年就在全村建起30余只现代化公厕，全面消灭了露天粪缸，最近却在樱花田里发现了残留，我们马上采取行动，彻底清理。"

15年来，横坎头村全方位动员，全力打造"革命老区全面奔小康样板村"，大力开展生态绿化建设，对浙东抗日根据地旧址景区周边道路进行绿化，完善路灯、供水、卫生等设施，极大地改善了村容村貌，优化了人居环境。通过"美丽庭院""美丽乡村""最洁美村庄"等创建工作，同时，以黑板报、宣传窗、横幅等形式，加强对村民的思想教育。如今，村民们逐渐养成了健康、文明、科学的生活习惯。

"习总书记的回信为我们革命老区发展带来了强大的精神动力，我们一定要牢记总书记的重托，以'翻篇归零'的态度再次出发，一步一个脚印建设富裕、文明、宜居的美丽乡村。"展望未来，孙小莲信心满满。

（李洁美）

第八章

创新乡村治理体系
——自治法治德治相结合

党的十九大报告指出，实施乡村振兴战略，必须加强农村基层基础工作，健全自治、法治、德治相结合的乡村治理体系。之后召开的中央农村工作会议同样指出，必须建立健全党委领导、政府负责、社会协同、公众参与、法治保障的现代乡村社会治理体制，健全自治、法

治、德治相结合的乡村治理体系。

农村与城市不仅外在形态不一样，社会关系、治理方式也不会完全一样。乡村社会与城市社会有一个显著的不同，就是具有"熟人社会"或"半熟人社会"的特征。因此，在农村地区，要采取符合农村特点的乡村治理方式，既要注重运用现代治理理念和方式，更要注重发挥农村传统治理资源的作用。

近年来，横坎头村积极探索自治、法治、德治相结合的治理模式，在完善自治、加强法治的同时，制定村规民约、行业守则、职业规范等道德章程，设置道德讲堂、德育基地、文化礼堂等各类载体，开展道德评议活动，提升德治水平，促进"三治"相结合，对化解社会矛盾、促进乡村和谐发挥了积极作用。

一、完善民主自治机制

发挥党委政府在农村社会治理中的主导作用。办好农村的事情，实现乡村振兴，关键在党。横坎头村非常重视加强和改善村党委对村庄社会治理工作的领导作用，努力提高村党委领导农村工作的能力和水平，凡是村里的重大事项，都要由村党委拍板，确保村党委在全村工作中始终做到总揽全局、协调各方。

横坎头村非常重视培育新型农村居民的社区参与意识。社区治理要求国家与社会及群众之间保持良好的互动与合作，农村社区治理是一个上下互动、双向运行的管理过程，既要发挥党委政府自上而下的主导作用，也要有农村居民自下而上的参与。通过激发村民参与农村治理的积极性和创造性，强化其作为社会主体的自我意识、自主精神和参与意识，积极投身农村社区公共事务治理。

　　横坎头村严格民主选举制度。充分保障党员、村民的民主权利，确保每个党员、村民完全按照自己意愿投票选举；健全民主决策制度，对重大事项实行"四议"制度（村党组织提议、三套班子和议、村监会商议、村民代表决议）；完善民主监督机制，严格选举产生村务（社务）监督委员会、村务（社务）公开民主管理监督小组、"三资"管理小组，制定相关工作制度，全方位确保村民的监督权。

横坎头村两委每周工作例会

二、全面提升法治能力

　　习近平总书记在浙江工作期间，大力推进"平安浙江"和"法治浙江"建设，要求坚持德治与法治并举，努力建立一种符合农村经济社会发展要求的"法治秩序"，进一步提高农村群众的法制观念和法律素质，进一步提高农村社会管理的法治化水平，推动农村法治建设，为落实农村各项任务提供良好的法治保障。

横坎头村自2002年起，围绕"四民主三公开"核心内容，以扩大基层民主为目标，扎实开展"民主法治村"创建活动。为此，全面推行"五议两公开"和"阳光村务八步法"，制定《关于推进村级"小微权力"规范运行的实施方案》，编制村级"小微权力"清单和相关制度，进一步规范了农村议事决策机制。

横坎头村坚持普法教育与法治实践并举，把创建工作与法治宣传、法律服务、法律援助、人民调解等工作相结合，丰富创建内容。开展"宪法入户"，新任村干部、村民代表学法培训等各类法治宣传教育活动；建设"村民法治学校"、法治文化公园（长廊）、农村文化礼堂等各类法治宣传教育阵地，尊法学法守法用法的氛围逐步形成。法治宣传、法律服务、法律援助、人民调解等工作广泛开展，法治精神得到传播与弘扬，办事依法、遇事找法的理念逐渐形成。

横坎头村通过网络直播课堂对村民进行法律知识培训

横坎头村还建立健全村级决策、责任和监督机制，积极探索集中民智、体现民意、服务民众的有效途径。强化基层党组织书记引领作用，通过实施"领头雁"工程，提升基层党组织书记的带动示范作用。积极培养村级后备干部，形成阶梯式人才培养机制，确保村级党组织稳定。修订《村规民约》，让村民养成"准则是德、条例是理、村规民约就是规矩"的认识。经过不懈努力，横坎头村的民主法治建设取得长足进步，于2005年获得余姚市"民主法治村"称号，2007年获得宁波市"民主法治村"称号，2013年成功创建浙江省"民主法治示范村"。

　　横坎头村加大治安综治力度，通过健全机制促长效、加强防患保关键、创建安全强力度。深入推进"网格化管理、主动式服务"，健全治安防范机制，增加视频监控安装，新建村警务室，建立夜间巡逻队，充分发挥民防队伍作用；成立网格化小组，加强流动人口管理，进一步加大管理力度，不断提升服务水平。

横坎头村党员干部在进行宪法宣传

横坎头村强化农村法治教育，提高村民法治意识。建立普法教育活动点，定期进行普法教育、听取村民意见、接受群众监督；利用宁波市远程教育终端，分时段收看教育短片进行普法宣传；在村内显著位置设置普法宣传窗、法治图书角、法律援助窗口三大宣传平台；利用重大时间节点，上街宣传法律法规。

三、发挥德治积极作用

习近平总书记在浙江工作时，曾在《浙江日报》撰文指出，要坚持法治与德治并举。文章指出，道德是法治的基石。法律只有以道德为支撑，才有广泛的社会基础而成为维系良治的良法。法律与道德，历来是建立公序良俗、和谐稳定社会的两个保障。法治与德治，如车之双轮、鸟之两翼，一个靠国家机器的强制和威严，一个靠人们的内心信念和社会舆论，各自起着不可替代而相辅相成、相得益彰的作用，其目的都是要达到调节社会关系、维护社会稳定的作用，保障社会的健康和正常运行。依法治国是维护社会秩序的刚性手段，以德治国是维护社会秩序的柔性手段，只有把两者有机地结合起来，才能有效地维护社会的和谐，保障社会健康协调地发展。必须把握法治与德治的互补性、兼容性和一致性，坚持一手抓法治建设，一手抓道德建设，把法律制裁的强制力量与道德教育的感化力量紧密地结合起来，把硬性的律令与柔性的规范有机地融合在一起。

横坎头村一直以来高度重视农村德治，强调在村民之间养成自助——互助精神，这不但有利于村庄资源的有效整合，也有利于激发村民自力更生解决自身问题，实现自我发展。横坎头村还培育了一支社会调解员队伍，构建"一站式为民、一条龙服务、一把尺标杆、一体化调解"四位一体的社会管理服务、治安防控体系，积极开展矛盾纠纷摸排调处，及时疏导民事纠纷，把矛盾化解在萌芽状态。创造出了"小网格"撬动"大治理""心连心"守护"零距离"的"红村经验"，人大代表、村老娘舅、道德评议员等调解员成了村民之间的"连心桥"、情况反应的"直通车"、矛盾化解的"减压阀"，村年均矛盾纠纷不足10起。

横坎头村村民在聊天长廊交流矛盾化解经验

四、横坎头村村规民约

遵纪守法，严于律己。

勤劳致富，爱岗敬业。

共同富裕，艰苦创业。

管理民主，群策群力。

乡风文明，举止得体。

赌毒骗拐，坚决摒弃。

防火防盗，时刻牢记。

争端纠纷，调解平息。

互帮互助，邻里团结。

尊老爱幼，弘扬美德。

优生优育，利国利己。

夫妻恩爱，相濡以沫。

红事白事，从俭简洁。

美化家园 精心护理。

垃圾入箱，溪流保洁。

公共设施，爱护整齐。

文物旧址，多加珍惜。

耕读传家，永葆活力。

抗战精神，人人接力。

五、大力培育红村乡贤

"乡村振兴"战略的实施离不开乡贤的作用。所谓乡贤，主要指乡村中德行高尚，在当地具有崇高威望的贤达人士。就传统乡贤的社会功能而言，主要在两个方面，一是维持乡村自治；二是通过制定、执行乡规民约，淳化、维系乡村礼俗，这是有着密切内在关联的两个方面。改革开放40年来，尤其是习近平总书记考察横坎头村以来的这15年间，各个领域的横坎头村新乡贤不断涌现，在乡村社会治理、经济发展、敦礼重教等方面，发挥了重要的引领作用。

浙江省"千名好支书"——张志灿

　　张志灿,男,1963年出生, 1996年起参加工作,1998年 4月入党,2001年被选举为 横坎头村党总支书记,现为 横坎头村党委书记。

　　作为一名共产党员,一 名基层党组织书记,他具有 很强的责任感,发挥党员带 头模范作用,带领全村党员 干部,发展具有地方特色的 经济项目,积极推乡村振兴, 使横坎头村成为浙江省全面 小康示范村、全国革命老区奔小康样板村。

　　近几年,张志灿本人荣获浙江省"千名好支书"、浙江省革 命老区创新创业优秀工作者、宁波市基层组织"先锋工程"建设 优秀党组织书记、余姚市十佳村党组织书记、余姚市优秀党员等 称号,并被选为浙江省第十二届人大代表、宁波市第十四届人大 代表,第十四届、十五届余姚市人大代表和2008年奥运会火炬手。

"红色"企业家——夏再龙

夏再龙，男，1964年出生，吉林工业大学研究生学历。他先后在杭州重型机械厂和杭州市总工会工作。2003年，时任浙江省委书记的习近平，来到横坎头村夏再龙家中慰问其父亲夏日初（"三老"人员）。夏再龙受到习近平总书记的鼓励，毅然辞职回到家乡横坎头村创业，创办了宁波鸿环土工材料有限公司。

目前，厂房面10000平方米，2017年底销售额已经达到4000多万元，2018年预计超过6000万，2019年将突破一个亿。15年来，宁波鸿环土工材料有限公司已经发展成为中国土工合成材料行业的主要生产制造企业之一。

夏再龙热心公益事业，关心困难群众，用勤劳和智慧带领着横坎头村人民走在共同富裕的道路上。

爱拼才会赢——马利庄

马利庄，男，1963年生，理学博士、博士后，博士生导师，上海交通大学计算机系教授、"数字媒体与数据重建实验室"主任，上海中医药大学兼职教授、信息科学与技术中心主任。国家杰出青年基金、中国青年科技奖、教育部科技进步奖获得者；国家"百千万人才工程"（第一、二层次）首批人选，浙江省跨世纪学术与技术带头人、国务院特殊津贴获得者、上海市中青年科技领军人才。

马利庄作为从横坎头村走出的乡贤才俊，以他的创新精神和拼搏意志，引领着一批批的横坎头年轻人向学术研究的高峰攀登。

红土地里种出甜美果实——何达峰

何达峰，男，1975 年出生。凭着对现代农业的满腔热情和无限憧憬，何达峰于 2015 年在横坎头村半山成立了余姚果香园生态农场，注册了果香园生态农场商标，还向市农林局申请无公害绿色产品，并取得成功。

何达峰一边积极向宁波农科院、余姚农技站的专家老师请教，一边在果园里摸索琢磨，无论是灌溉、施肥，还是锄草、除虫，都亲力亲为。何达峰充分利用媒体、网络，推出公众微信号，以最小的成本取得最快、最广的宣传效应。

2015 年，收入 4-5 万元；2016 年达到 10 多万元；2017 年收入 20 万元；2018 年预计达到 40 万元，几乎每年以成倍的速度增长。何达峰用自己勤劳的双手和对家乡农业的热爱，精心打造出红村的"果乡园"。正是这份爱和坚持，让他成为横坎头村农民中一面闪亮旗帜！

"红村"厨娘——黄玲玲

　　黄玲玲，女，1972年出生。2006年，和父母亲一起开办了农家乐——百丈农家。她别出心裁地选用梁弄的自然景点、红色景点，并且以画的形式来装饰四壁，让游客在农家乐就餐时便能了解古镇文化。

　　百丈农家每年接待游客和顾客上万人次，先后被评为三星级农家乐、浙江省旅游特色经营户。2008年，百丈农家作为农家乐的代表上了中央电视台同一首歌节目。

　　黄玲玲通过辛勤劳动过上了小康生活，先后被评为余姚市双学双比女能手、余姚市好青年，余姚农家银勺厨娘、宁波市金牌厨娘，为梁弄革命老区的妇女树立了创业致富的榜样。

第九章

坚持以人民为中心
——让老区人民有更多获得感

习近平同志在浙江工作时，就曾经指出，"在任何时候任何情况下，都要始终坚持把最广大人民的根本利益放在首位，自觉用最广大人民的根本利益来检验自己的工作和政绩，做到凡是为民造福的事

就一定要千方百计办好"。到中央工作后，习近平同志又多次提出"以人民为中心"的治国理政新思想。2018年4月，习近平总书记针对"千村示范、万村整治"作出重要批示，"建设好生态宜居的美丽乡村，让广大农民在乡村振兴中有更多获得感、幸福感。"就乡村振兴来说，一定要坚持"农民是主体"，必须充分尊重农民意愿，切实发挥农民在乡村振兴中的主体作用，把维护农民群众根本利益、促进农民共同富裕作为出发点和落脚点，促进农民持续增收，把乡村建设成为幸福美丽新家园。

横坎头村小学生在新修的教室里学习

15年来，横坎头村牢记"凡是为民造福的事就一定要千方百计办好"，始终遵循"以人民为中心"，在上级党委、政府的大力支持帮扶下，先后投入上千万元资金，完成50多项民生工程，大幅提高村民幸福指数。统筹公共资源在城乡间的均衡配置，建立全民覆盖、普惠共享、城乡一体、均等服务的基本公共服务体系。不但加大对农村基础设施建设的投入力度，还不断健全完善管护机制，让农村基础设施建得好、护得好、用得久。对于农村基本公共服务，不断提档升级，改善服务质量，真正实现从"有"到"好"的转变，促进城乡基本公共服务从形式上的普惠上升到实质上的公平。建立健全关爱服务体系，在基本生活保障、教育、就业、卫生健康、心理情感等方面，及时为群众提供有效服务，确保群众病有所医、老有所养、住有所居，群众心声有人听、村民困难有人帮。

横坎头村群众的获得感，不仅仅体现在一块块含金量极高的荣誉牌匾里，更体现在村民越来越鼓的口袋里，体现在一张张盈盈的笑脸上。2017年，横坎头村实现工农业总产值3.85亿元，村级固定收入260余万元，农民人均可支配收入27568元，分别比15年前的2002年增长13倍、20倍和17倍。

一、村民福利再升级

横坎头村委根据村集体经济承受能力，每年投入20余万，全面落实新农合等社会保险。对低保户、困难党员危房户进行补助，对残疾人、居家

横坎头村干部看望困难群众

养老及空巢老人提供生活补助，对困难学生和优秀学子进行奖励；关爱未成年人成长，开展"春泥计划"；每年给70岁以上老人发放过年慰问金，让村民享受更多的发展成果。

二、村民办事更便利

横坎头村建立了社区活动中心，内设图书室、棋牌室、健身房、阅览室等公共设施，定期对外开放。同时，通过便民综合服务站，开设了医保、社保、水电家政、计生、外来人口管理等六个服务窗口。新建村医务室一个，为村民提供良好的医疗服务和平价药物的同时，每年开展2次妇女健康普查工作，落实0-7岁儿童的健康检查，对老年人进行免费健康检查。与东海舰队下属医院结对，进行义诊救助，开展"医疗扶贫、医药下乡"活动，帮助做好防病防疫工作。

宁波市医疗专家到横坎头村开展义诊

三、村民困难有人帮

采取多种关爱举措，对弱势群体进行分类帮扶。对低收入户，采用支部、党员和爱心志愿者"一帮一""多帮一"的结对帮扶形式，帮助他们解决生活困难，拓展增收致富门路；对残疾人家庭，定期组织广大志愿者开展助残扶残活动；对空巢和孤寡老人，广大党员和志愿者定期上门走访，帮助解决实际困难。

宁波市扶贫办到横坎头村慰问贫困户

四、社会保障搞得好

一是抓好社会养老保险工作，逐步扩大覆盖面与参与率，参保率达到94.5%，城乡居民医疗保险参保率达到98%；二是抓好大病统筹和新型农村合作医疗保险工作，参保率达100%；三是切实做好被征地农民的养老保障工作，做到即征即保；四是建立健全社会救助体系，做到低保人口应保尽保，散居五保户和孤寡老人集中供养集中供养达100%；五是建立一个高标准的生殖健康宣传服务中心，提高服务水平和层次。

横坎头村邀请专家举办保育与健康培训班

"美丽中国"的背后彰显的是大写的"人民"，横坎头村党委坚持以人民为中心的发展思想，把人民对美好生活的向往作为奋斗目标。山巍巍，水潺潺，松青青，横坎头村的乡亲们正再接再厉，努力建成富裕、文明、宜居的美丽乡村！

半山自然村开通公交车的故事

自从 2003 年时任浙江省委书记的习近平来到革命红村——横坎头村，在座谈会上与村民们亲切交谈，指出老区今后发展方向，鼓励大家把红色老区建设好之后，参加座谈会的村民代表俞加隶的人生发生了很大的改变。

他看到路灯亮了，山村的夜晚不再是黑暗一片，家家户户用上了免费的自来水，村民的文化生活也丰富起来，心里特别高兴，感觉日子过得越来越美好。可是，有一件事让他一直憋得慌，吃饭不香睡觉不安，琢磨着一定要想办法解决。

啥事呢？原来半山自然村位于横坎头村的最西边，相对比较偏僻，距离公路主干线 2.5 公里，所以一直没有通公交车。村民尤其是没有交通工具的老年人和孩子出行很不方便，因事故左脚残疾的俞加隶对此体会更深。

2015 年 10 月的一天晚上，俞加隶躺在床上，想着这事，翻来覆去睡不着，索性坐起来，拿出手机怀着忐忑不安的心情在朋友圈发了一条微信。这条微信的内容是——半山村至今没有通公交车，老人出门进城不便，我虽然是个残疾人，但愿意个人出资 3 万，请各位好心人一起努力把这件事办成，也算为半山村老百姓做件好事。

微信发出后，得到很多人的响应，也愿意共同出资。俞加隶的心踏实了，信心足了。他想到通公交车这事单凭民间的力量不可能达成，必须靠政府才能解决，于是，起草了一份报告，让妻子朱娟飞和村民爱珍、红英一起拿着报告跑到半山村的每一户村民家中，请大家在报告下面签名。

这可是大好事啊！村民们个个积极响应，充满了期待。

几天后，俞加隶怀揣这份全体村民签名的报告和三万元钱，叩开了当时任梁弄镇党委书记的严忠苗办公室的门。严书记热情地接待了他，请他坐下，并斟了一杯茶递给他，问他有什么事。

俞加隶的心热乎乎的，胆子也大了许多，先是作了简单的自我介绍，然后直截了当说明自己的来意，并掏出那份报告，双手递给严书记。

严书记接过认真看完，抬起头郑重地说："老俞，关心村民的衣食住行是党委、政府应尽的责任，请你回去告诉半山自然村的村民，我代表梁弄镇党委表个态，2016年元旦公交车正式通车！"

"真的吗，严书记？太谢谢您了！"俞加隶兴奋地站了起来，突然想到什么，赶紧从随带的包里掏出3万元，捧到严书记面前，"严书记，这是我个人的一点心意，作为村里的一分子，我也想尽点绵薄之力，请您收下。"

严书记连忙伸手挡住，"这钱镇里不能收！你放心，资金由镇里负责解决，你们村通公交车的事一定办好！"

果然，两个多月后，新年的元旦那天一大早，645路公交车便从晨曦中由远及近驶入半山村村民的视野，早就等候在车站的村民们欢呼雀跃。

俞加隶更是激动得热泪盈眶，嘴里默默念叨着一句话："共产党的政策真好！"

（鲁永平）

红村变迁故事

"我们这里本来就是穷山沟，现在的大村是由原来6个小村合并的，各个小村那时情况都差不多。那个时候村里没有集体经济，村里还负债，连买张办公桌的钱也没有。那时咋会想到有今天这么好的日子，真是脱胎换骨，翻天覆地的变化啊！"

何志园今年64岁，原来是横坎头村的村干部，后来因年龄大了，就从干部岗位上退了下来。说起村里的变化，打开了他的话匣子。

2002年并村以前，何志园在一个小村里担任村支书，并村以后在横坎头村任党委委员，主要负责村财务管理这一块，对村里的发展情况比较了解。作为横坎头这十多年变化的亲历者，何志园深切地感受到上级党委政府和社会各界对老区的关心与支持。

横坎头村处在山乡，虽说山民勤劳，可因交通闭塞，观念封闭，山里的毛笋、番薯等农副产品卖不出去，老百姓主要靠种田和山林土产生活。改革开放分田到户后，一些头脑活络的村民依托梁弄镇灯具产业，有的搞起了产品加工，有的进企业打工致富。因为没有村办企业，村里不但没有集体经济收入，而且还有不少欠债。为了发展村集体经济，村领导动足了脑筋。

2002年，由宁波市政府牵头，宁波大红鹰集团有限公司与横坎头结对扶贫，村里争取到了一笔100万的资金，用于村里的基础设施改造，修了村道，造了村办公楼。

2003 年 1 月 29 日，习书记视察了横坎头村，指导村里发展红色旅游和绿色经济后，张志灿书记带领村干部一起想出了很多举措，促使横坎头在这 15 年里一步一个台阶向前迈进。

　　最早是村道整修。一开始，靠各家各户拿出几十元钱统一整修村庄道路，把泥路改成了石子路。过了几年，村里到市扶贫办争取到了一笔资金，把石子路又改成了水泥路，还装了路灯。接下来，村庄与外界的道路也通了。路通了，农副产品外销就有了条件，搞红色旅游也有了可能。

　　2005 年，上级对浙东区党委旧址进行了扩建改造，对 23 户住在旧址周围的农户进行拆迁安置，旧址扩大了 1 倍，还建了停车场等设施，游客很快增加不少，横坎头村迎来了发展机遇。这以后，村里鼓励村民搞农家乐，还利用山地建起了果香园，草莓、杨梅、樱桃等特色农产品发展起来了，果香园里的农产品除了对外销售外，还搞了游客体验和采摘活动，吸引了大批观光游客。山区优质农产品竹笋、花生、笋干菜、土鸡及鸡蛋等销量，一年比一年增长，老百姓收入提高了不少。

　　为了发展绿色经济，村里把环境保护整治抓得很严很紧。前几年村里引进一家投资商开办的做保温材料的企业，一开始因为企业大量烧煤污染了环境。村干部与企业主多次协调，最后企业经技术改造解决了污染问题。其他规模小、有污染的企业也是改的改、迁的迁，保持了革命红村优质的生态环境。

　　最后，何志园老人感慨地说："这几年村里发展了，有钱了，老百姓的自来水费和有线电视费都由村里出了。村道安装了路灯，晚上出个门也不用拿手电筒了。外出打工的减少了，大家在家门口就能挣钱。现在村民家里摩托车、小汽车都不稀奇了，有的人家儿子一辆、媳妇一辆，孙子大学毕业再买一辆。村里好了，荣誉也有了，全面小康示范村的牌子挂了好几年了，去年还获了个全国文明村。要是 10 年前，这种荣誉想都不敢想啊！"

（孙龙）

第十章

传承红色革命精神
——把基层党组织建设成战斗堡垒

千山滴翠，万水托蓝。

我们捧起众多的荣誉：

省文明村、省小康示范村、

省森林村庄、省卫生村……

旅游村、文化村、魅力新农村……

在接踵而来的奖状里，我们戒骄戒躁；

在科技兴农的时光里，我们奋力前跑。

横坎头的山，向着新的征程挺起坚强的脊梁；

横坎头的水，唱起新的赞歌汇入大海的波浪。

2015年春节前夕，习近平总书记在革命老区脱贫致富座谈会上指出，革命老区是党和人民军队的根，我们不能忘记自己是从哪里来的，永远都要从革命历史中汲取智慧和力量。革命老区的基层党组织要完成奔小康的历史重任，就要在大力弘扬老区的优良传统中创新党的基层组织建设，把老区红色革命精神转化为科学发展的强大动力和切实管用的群众工作方法，真正成为党的坚强战斗堡垒。

15年来，横坎头村党委牢记总书记嘱托，以"党建争强"为引领，团结带领党员群众通过三个"全力打造"（全力打造锋领红村，让红色党旗高高飘扬；全力打造生态红村，让红色经济欣欣向荣；全力打造美丽红村，让红色精神代代相传），将"浙东红村"发展成了远近闻名的小康村、文明村。

一、传承发扬"红色基因"，全力打造锋领红村

"红色基因"是横坎头村党员的信念之源、文化至宝，是横坎头人牢记历史、缅怀先烈，不忘初心、继续前进精神动力。15年来，横坎头村始终坚持"深化党建谋新篇，品质红村展新颜"的发展思路，以"红色党建"为引擎，传承发扬"红色基因"这个传家宝，充分发挥党组织的领导核心、坚强战斗堡垒作用以及党员先锋模范作用，努力开创出横坎头村党建工作新局面。

横坎头村党委班子开展"组织生活"

一是形式多样红课堂。全力打造镇"党建+红色记忆"品牌，除常规邀请讲课老师、先进典型授课外，还组织党员群众到红色教育基地、警示教育基地、党建示范点开展现场教育。利用红色资源，拓展浙东抗日根据地旧址、四明山革命烈士纪念碑等为开放式组织生活基地，丰富党员组织生活内容。

　　将每月的23日定为"党员组织生活日"，制定出台《关于进一步规范基层党组织"党员组织生活日"的实施意见》。安排指导组进行指导和监督，实行预告、报告制度和监督、检查制度，将"党员组织生活日"开展情况纳入综合考核、先进评比和党员民主评议内容。利用"党员组织生活日"平台，有效增强了党组织的基层凝聚力，党员作用发挥机制更加完善，基层党建整体基础进一步巩固。

　　二是先锋引领红雁群。深入推进"领头雁培养工程"，注重把各行各业的党员负责人培养成行业领头人，把优秀人才培养发展成优秀党员。

　　三是党性锤炼红星榜。以"我是党员受监督"为活动主题，实施党员先锋指数考核"红星榜"，促动党员讲党性、重品行、作表率。横坎头村党委通过党员户挂牌亮牌、党员佩戴党徽、党员承诺践诺等活动，提升党员的自律意识和引领发展、改善民生、维护稳定等方面的先锋意识。通过组织党员开展环境整治、植树护林、便民服务、政策宣传等各类志愿服务活动，打造"爱在横坎头"红星志愿服务品牌，发挥党员在群众中的表率作用。开展党员设岗定责，深化"我是党员"系列活动，发挥了党员带头作用，树立了党员良好形象。

横坎头村党员分发文明倡议书

二、着力建强"前哨支部",夯实基层创新活力

村班子成员观看十九大开幕式

农村基层党组织是党在农村全部工作和战斗力的基础,是推进乡村振兴的坚强保障。横坎头村党委认真按照"为民、务实、清廉"的要求,始终践行"不忘初心,牢记使命",紧紧围绕中心大局,深入开展以"五强"为主要内容的"先锋工程"建设,提高履职尽责、服务群众能力,将"党对一切工作的领导"在农村落地生根,作为贯穿社会治理和基层建设的一条红色主线。

一是巩固前沿哨所。横坎头村党委始终把保护好红色旧址、传承好红色基因作为使命担当,提出"建设同根据地一样坚固的战斗堡垒",建成全省首个革命老区村级党委。牢固树立"一切工作到支部"的导向,推进党建提升工程,以自然村为基本网络,建立6个"前哨支部",制订"前哨

建强村级班子

村党委着眼提升班子凝聚力、战斗力，实行村干部"四定四诺"管理制度，即每月定期学习、每周定期交流、定期开展调研、定期走访群众，围绕年度中心工作和岗位职责任务实行承诺、亮诺、践诺、评诺，不断提升干事热情与主动性。

坚强村级班子打造坚强堡垒

　　支部"负责人工作职责基本工作制度和日常活动制度。为方便党员就近参加主题党日活动，规范化建设基层党建"农家小院"，并将其作为支部活动场所，做到有桌椅设施、有制度上墙、有学习资料、有党务用品，真正把"前哨支部"建到党员群众的家门口，延伸到服务群众的"最前哨"，切实把全面从严治党要求落实到党组织的末梢神经。实行村干部"四定四诺"管理制度，即每月定期学习、每周定期交流、定期开展调研、定期走访群众，围绕年度中心工作和岗位职责任务实行承诺、亮诺、践诺、评诺，不断提升村两委班子成员的干事热情与主动性。

　　二是推进"亮显工程"。为凸显红色基因，营造红色党建浓厚氛围，横坎头村大力推进以"阵地亮标识、党员亮身份、岗位亮职责、党建亮绩效"为主要内容的基层党建全域"亮显工程"。在村主入口、村委办公场

打造锋领前哨

牢固树立"一切工作到支部"要求，以自然村为基本网格，推进"前哨支部"建设。目前，村党委下属共建立6个"前哨支部"，全部由党员村干部担任"前哨支部"书记。为方便党员就近参加主题党日活动，将农家小院、老年活动室作为支部活动场所，做到有桌椅设施、有制度上墙、有学习资料、有党务用品，真正把"前哨支部"建到党员群众的家门口，延伸到服务群众的"最前哨"。

整顿入党积极分

党部召开党员转正会议

村党委举行党员宣誓

牛郎任党员的"前哨支部"活动点参加党员活动

所及村民主要集聚场所悬挂党旗、亮出党徽。围绕"突出红色主题、追忆红色故事、传承红色基因"的要求，实施以红村成就馆、红色主题公园、红色长廊、党建宣传栏、党建先锋路、红色文化走道、党员广场、红星驿站、党员先锋路、党建风景线为内容的"红村十景"建设，实现红村党建全域亮显，时时处处体现党组织战斗堡垒作用。

横坎头村"红村十景"中的"四景"（一）

村党员广场

村广场实施"亮党旗"工程

"鼓舞人心"党建小雕塑

"鱼水情深"党建小雕塑

横坎头村"红村十景"中的"四景"（二）

全面开展"三亮一塑"（即"亮出党员身份、亮出党员标杆、亮出党员岗位、塑造先锋形象"）活动，在全村形成"见行动，树标杆"的浓厚氛围。以"美丽庭院""文明家庭""星级文明户"评比及创建工作为契机，要求党员带头实践，以榜样的力量带动村民。

横坎头村党组织换届选举大会

三是创新工作方式。结合推进"两学一做"学习教育常态化制度化，要求党员带头实践，以身边榜样的力量影响村民、带动村民、感召村民。不断加强党委班子自身建设，拓宽党建服务载体，建立党员先锋队，定期开展"带民富、解民忧、安民心、助民乐、促和谐"进村入户主题实践活动。

横坎头村党委积极响应上级党组织号召，全面开展"美丽家园"创建活动，全村161名党员被分成三支党员先锋队，"青山绿水"队重点开展环境清扫、河道整洁等服务；"平安巡逻"队重点开展夜间巡逻、隐患清除等服务；"红色暖心"队按照"1+N"结对帮扶工作机制，每名党员对口联系一名困难群众，帮助清理庭院卫生，开展暖心帮扶活动。

四是落实勤政廉洁。每年都明确并在显著位置公示村党委任务清单

2018年度村党委任务清单

1、学习贯彻重要回信精神。围绕"学回信、强引领、创样板"主题活动，结合镇村中心工作，学习好、领会好、贯彻好重要回信精神，全面推动全国乡村振兴样板村建设。

2、持续落实党建工作责任制。继续开展党委书记向全体党员、村民代表述职评议工作，并将其延伸至"前哨支部"；规范管理"前哨支部"班子成员和支部运行，全面提升基层党建工作水平。

3、推进服务型基层党组织建设。深入实施推进"联六包六"服务群众工作法，推进党员家庭活动点建设，同时落实好"四有快递服务法"。

4、深化干部队伍建设。积极探索班子建设、队伍管理、素质提升等方面新措施、新办法，注重提升村干部业务能力、素质能力和服务能力；加强村级后备干部选拔任用，提升班子新活力。

5、深化党员队伍建设。严格发展党员质量，把好党员入口关，杜绝违规发展，发展党员注重向优秀

青年农民倾斜；推行主题党日，深化"党员组织生活日"制度，规范"四个统一"，强化组织生活仪式感、庄重感；全面实施党员"先锋指数"考评，积极稳妥处置不合格党员。

6、深化"两学一做"学习教育常态化制度化。认真学习贯彻党的十九大精神，扎实开展好"不忘初心、牢记使命"主题教育。

7、扎实推进党建亮显工程。开展党建固性化建设，多方位展示党建元素和党建工作；创建"一点一品"党建特色片区群，突出党建主题，亮出个性特色；深化"红星"党员志愿服务队建设，抓好队伍组建，开展党员责任区认领活动；努力建设"党建+"示范基地。

8、围绕推动创业富民、服务农村发展，发挥在村大学生优势，激发创新潜能，切实为村级组织运行注入活力。

9、认真完成镇党委交办的基层党建方面的其他工作任务。

不忘初心 牢记使命

村党委书记抓党建工作目标（六有两满意）

有意识 强化党建本职意识，统筹谋划全年党建工作，抓好"两学一做"学习教育常态化制度化。

有合力 坚持村党组织书记带头，严格执行民主集中制原则，提升村级班子凝聚力、战斗力。

有活力 坚持每月23日"党员组织生活日"制度，积极创新活动方式载体，提高党员学习教育实效。

有特色 因村制宜落实"党建+"理念，探索实行或总结提炼1项以上工作成效明显的党建特色项目。

有机制 村级组织运行机制顺畅，"联六包六""小板凳"等群众工作法、村务决策"五议两公开"等执行规范到位。

有阵地 优化基层组织设置，推进党级支部建设，有效发挥党员责任区活动点等阵地作用。

两满意 党群干群关系密切，群众对村党组织和党组织书记满意度均达80%以上。

横坎头村党委任务清单和书记党建工作目标

及党委书记党建工作目标，接受全村党员群众监督。经常开展班子成员勤政廉洁教育，扎实完成班子集体和个人届中考察、民主评议。不断强化发展责任意识，参照执行"8736"党建工作责任制（余姚市在2015年出台的《关于建立健全乡镇（街道）党（工）委抓基层党建工作责任制的实施意见》规定，乡镇（街道）党（工）委抓基层党建负有8项主体责任，党（工）委书记负有7项"第一责任"，分管党（工）委副书记、党（工）委委员肩负3项"直接责任"，其他党员班子成员有6项"一岗双责"责任。这一制度简称"8736"基层党建工作责任制），严格执行"五议两公开"（"五议"即村"两委"负责人建议、村党支部会提议、村"两委"会商议、党员大会审议、村民代表会议或村民会议决议；"两公开"即决议公开、实施结果公开）和"阳光村务八步法"（收集民意、提交提案、方案论证、党员讨论、形成决议、作出决定、监督实施、结果公开）等民主决策程序，全面推行"小微权力"清单。

横坎头村党委还通过廉政党课、集体廉政谈话、廉政风险提示、村干部家属助廉座谈会等针对性的廉政教育，在全村党员中刮起推动作风转变的"红色旋风"，倒逼村干部转变作风，有效增强基层党组织的公信力。

三、尊重党员"主体地位"，全面增强党组织凝聚力

党员是党的肌体的细胞和党的活动的主体。围绕党的事业和党的建设开展的一切活动，归根结底都是党员主体的实践活动。习近平总书记指出，"党员是党的肌体的细胞。党的先进性和纯洁性要靠千千万万党员的先进性和纯洁性来体现，党的执政使命要靠千千万万党员卓有成效的工作

来完成。"党内民主是党的生命,党员是党内民主的重要力量,党内民主的核心就是尊重党员主体地位。横坎头村特别强调保障党员权利,并通过保障党员权利全面增强党组织凝聚力。

横坎头村村监会会议

一是建立权利保障机制。围绕保障党员的知情权、参与权、选择权和监督权,畅通党内诉求渠道,完善"上情下达"和"下情上表"途径,坚持"党员四先"制度,做到"重大事情党员先知道、重要文件党员先传达、重大决定党员先讨论、重点事项党员先表决",提高党员参与热情,推动各项工作开展。

二是健全党员"六必访"制度。为激发广大党员干部的工作热情,激发全体党员对党组织的认同感、归属感和荣誉感,横坎头村党委根据党员关怀制度的相关精神,在全村实行关怀党员"六必访"制度,从思想上、

工作上、生活上关心党员，增强党组织的感召力、向心力和凝聚力，推动红村党建工作又好又快发展。

生病住院或亡故时必访。党员生病住院时，党委要派人带上慰问品或慰问金前往探望，当党员不幸亡故时，党组织要派人前往吊唁、慰问家属。

家庭受灾或发生意外时必访。党员家庭遭遇重大自然灾害或家庭成员发生意外情况时，党委要派人及时到场，帮助处理突发性事情，安抚受灾党员家属。

生产生活遇到困难时必访。党员生产生活上出现困难时，党委要派人上门了解情况，符合条件的按相关规定帮助申请有关救助，帮助解决实际困难。

有较大思想情绪或意见时必访。党员在思想上出现情绪波动或对村党委作出的决定有较大意见时，党委要主动上门走访，及时沟通思想，化解矛盾隔阂。

工作取得突出成绩时必访。党员在工作中或村级重要活动中，取得突出成绩时，党委要派人前往祝贺表扬，及时将优秀事迹宣传报道，树立典型，带动群众。

无故不参加组织生活时必访。对党员无故不参加组织生活、不按期缴纳党费、不执行上级决议、不完成本职工作，或参与不符合党员身份的活动，在民主评议中被评为不合格时，党委要上门了解情况、查明事因、帮助改正，根据不同情节进行批评教育、诫勉谈话乃至组织处置。

横坎头村党组织冒雪慰问困难党员

三是完善流动党员联系制度。建立"红色横坎头"微信、QQ党员联系群，方便党员交流学习，建言献策；建立外出党员专人联系、定期汇报等制度，及时掌握流动党员的思想、学习、工作情况。掌上"党员之家"的建立能够使流动党员方便快捷地学习党的政策理论，也能切实感受到远在家乡的党组织的关怀，做到贴心、暖心、安心、放心，真正让流动党员感受到"流动不流失，离家不离党"。

横坎头村党组织同外出党员谈心连心

四、创新推行"党群联心"，搭建联系群众桥梁

15年来，横坎头村党委坚持"红色基因"传承，以服务群众、做群众工作为主要任务和基本职责，积极探索和创新思路和举措，擦亮"红色"品牌，把为群众排忧解难、办实事好事作为工作的基本出发点和落脚点，

全面推行"联片包组包户""联六包六""村民说事"等制度，增强服务群众能力，提升基层党建工作的针对性和实效性，走出了一条具有"红村"特色的基层党建工作新路子。

横坎头村召开班子会议布置"四定四诺"工作

一是"遇事大家谈"（大家的事大家提、大家的事大家议、大家的事大家办）。村党委始终坚持"有事多商量"理念，以村党组织为领导核心，以全体村民为说事主体，每做出一项重要决策、实施一项重点工程，都会事先听听党员群众的想法，都要接受党员群众的公开监督。全面完善说事和评事工作机制，形成以"说事、议事、办事、评事"于一体的制度规范。创新推出"联六包六法"，即"一名党员联系六户群众、帮助落实六项任务"，要求每名党员根据实际联系周边群众户，对联系户做好收集反馈群众意见、矛盾纠纷化解、重大事项传达、违规事项劝阻、结对帮扶共建、惠农政策宣传等6项工作，要求每位党员每月走访联系户不少于1次，将群众需求解决在一线，促进党群之间关系更加密切。

二是"常坐小板凳"。不管大事小情，哪怕只涉及1户群众，党员干部都会到群众家里的小板凳上坐一坐，面对面听听他们的意见。深入开展"五联五促""四日联动""三进三送""走亲连心"等活动，制度化组织党员干部开展"大走访"，进行"微承诺"，认领"微心愿"。坚持全面落实"联村包组帮户"，即每位村干部联系一个所在自然村，帮助农户做好意见建议收集、矛盾纠纷化解、重大事项传达、违规事项劝阻、结对共建惠农政策宣传，做到"联系不漏户、党群心连心"。建立村干部"包片联户"制并上墙公示，村干部每人每年至少一次走访到户，走访过程中创立"三问"制度，即对村班子有什么意见、本村发展有什么建议、自己家庭有什么困难，第一时间收集了解民情民意并及时加以解决。

横坎头村党员到群众家里发放宣传册

三是"民主晒加评"。通过建立"三晒三评"制度，年初晒清单、年中晒进度、年底晒成绩，上级党委书记点评、现场民主测评、群众民意测评，真正使广大村民成为重大决策的参与者、基层自治的主导者、美丽乡村的建设者。"由谁来评价"党员干部的工作作风与履职绩效的问题，在很多地方并未得到很好解决。事实上，科学的工作作风与履职绩效评价应囊括与受评对象关系最为密切且受评对象对其负责并向其汇报工作的上级组织、就自我工作状况进行自我评判与报告的干部自身、从旁观者角度对受评对象的工作实况进行冷静客观调查分析评价的专门性评价机构、与受评对象存在某种关联的社会公众及利益相关者等四类评价主体。横坎头村推行的"民主晒加评"，很好地把虽看得见但摸不着的"一切权力属于人民"的宪法权利，演绎成既看得见又摸得着的"群众的眼睛是雪亮的"的现实监督权利，既有民生的过程，又有民主的结果，既有事前的风险防

横坎头村民主评议会

控，又有事后的惩治纠偏，有效实现了前、中、后自始而终的群众民主化评价的统一。

五、建立健全"体制机制"，创新党员活动规范

横坎头村党员首议制

为进一步深化党员教育活动点建设，发挥好党员的作用，畅通党员参与党内生活和村级重大事项讨论的渠道，落实党员优先知情权。现经村党委研究，决定在本村试行党员首议制。

（一）村党组织把上级党委、政府的有关文件在活动点党员中首先进行传达贯彻，认真组织党员学习，使党员深刻领会党的路线、方针、政策，带头宣传、带头贯彻、带头落实。

（二）规定村党内重大事务和村经济社会发展的重大工作，由活动点负责人及时向党员通报。通报分即时通报和定期通报，村级后备干部选拔培养、党员的发展、重大工程项目建设等重大事项实行即时通报，党员党费交纳情况等常规性工作实行定期通报。对一些村级重大项目的组织实施还坚持事前、事中、事后"三通报"。

（三）在民主决策前，对村级重大事项以及党员、村民关注的热点问题，以党员教育活动点为单位，提交党员讨论，征求党员的意见、建议。根据党员的意见、建议，对决策进行修改完善。

（四）在村级重大决策的实施中，要求党员带头行动，带头贯彻执行，并积极帮助村干部做好周边群众的引导、说服工作，确保重大决策顺利实施。

横坎头村党员首议

横坎头村党员提案制

（一）提案的范围。规定本村党员凡是对村党组织工作、决策、党内事务管理、村干部工作作风、村级各项事务管理及村级集体经济和社会发展等方面有意见和建议的，可以通过填写党员提案专用单的形式进行反映。同时，要求党员通过各种方式收集群众的意见、建议，及时以党员提案的形式上报。

（二）提案的形式。分党员个人提案和党员集体联名两种形式，其中党员集体联名提案必须以党员教育活动点为单位，由1人提议，5人以上附议并签名，方为有效。

（三）提案的办理。村党委专门成立党员提案制工作领导小组，负责做好提案单的发放、汇总，并不定期召开提案制工作领导小组会议，对党员的提案提出初步的办理意见。对党员个人提案内容提交各线办理，并由各线抓好答复和办理；对党员集体联名提案，须向村党委汇报，由村党委审核后按提案内容提交各线办理；办理情况由村提案领导小组以书面形式向提议人答复；对属于上级党委职权范围内的事项，需要上报的，由村党委负责上报。

（四）提案的督办。由村提案工作领导小组负责抓好提案的督办工作，规定对党员个人提案自交办之日起一星期内将办理结果答复提案人；对党员集体联名提案自交办之日起半个月内将办理结果以书面形式答复，并把对党内提案的办理情况在村党务公开栏上进行不定期公示。

横坎头村召开"党员提案"会

后 记

2008年的金秋10月，中国社会科学院同宁波市人民政府开展战略合作。中国社会科学院作为我国哲学社会科学研究的最高殿堂，党中央、国务院的"思想库"和"智囊团"，是高层次研究型人才高度集聚的综合研究中心，在学科建设、学术研究、人才储备、信息文献等方面拥有无可比拟的优势和得天独厚的条件，但要更好地推进自身的科学发展、更好地在党和国家工作大局中发挥作用，也需要选择一些认识国情的窗口，需要拓展自己的发展平台，需要为理论创新提供实践支撑。宁波市作为我国东南沿海重要港口城市，处在改革开放前沿，经济社会发展呈现出一系列新的特征，面临着一系列新的挑战，这些新特征和新挑战既为中国社科院的学术研究提供了现实的场域，又提供了展示才能的舞台。

2013年10月，同样是金秋时节，中国社会科学院与宁波市签订了第二轮战略合作协议。战略合作5年来，尤其是党的十八大以来，我国的国情与宁波的市情都发生了很大变化，改革开放步入新的"深水区"，需要进行新的攻坚战。这就更需要中国社科院与宁波市政府紧密合作，共同探索和解答一些党和国家关心的理论和实践问题，为实现中国经济的转型升级，为实现中国更好的发展，为实现中华民族伟大复兴的中国梦，作出更大的贡献。这就非常需要社科研究人员在走向实践、深入群众、服务社会中寻

找学术研究的生长点、理论创新的支撑点。

中国社科院与宁波市人民政府的战略合作办公室设在马克思主义研究院。近年来，马克思主义研究院一直跟踪着宁波经济社会发展，取得了丰硕的成果。

今年是乡村振兴战略实施开局之年，同时又是中国社会科学院与宁波市人民政府战略合作10周年。实施乡村振兴战略，是以习近平同志为核心的党中央着眼党和国家事业全局，深刻把握现代化建设规律和城乡关系变化特征，顺应亿万农民对美好生活的期待，作出的重大决策部署，是决胜全面建成小康社会、全面建设社会主义现代化国家的重大历史任务。马克思主义研究院决定以"习近平总书记牵挂的三个宁波村庄"为主题，编纂《乡村振兴的宁波样本系列丛书》，以此为国家的乡村振兴战略提供些经验借鉴，同时也作为中国社会科学院与宁波市人民政府战略合作10周年的合作成果。

《乡村振兴的宁波样本系列丛书》由中国社会科学院马克思主义研究院书记、院长邓纯东研究员担任主编，宁波市党建研究所所长邢孟军博士担任副主编。

本书是《乡村振兴的宁波样本系列丛书》的第一本——《全国革命老区全面奔小康样板村——横坎头村》。

丛书在编辑出版过程中，得到了宁波市有关部门的鼎力相助，宁波市委党史研究室党史处处长刘士岭博士，余姚市党史办副主任罗捷，北仑区霞浦街道胡斌书记、许海芳副书记，横坎头村党委书记张志灿，滕头村党委书记傅平均，滕头村外宣办公室主任钟水军，横坎头村大学生村官王凌枫都给予了大力支持，提供了大量原始材料。丛书在写作过程中，还借鉴了宁波市相关学者的大量研究成果。

在此，谨向所有为丛书的出版提供帮助的各界朋友表示诚挚的感谢！

今年是改革开放40周年，又是乡村振兴开局之年。谨以此书献给伟大的中华人民共和国、伟大的改革开放、伟大的乡村振兴战略！

编者

2018年7月